はじめての
訪問介護

編集 はじめての訪問介護制作委員会

中央法規

はじめに

　本書を手に取られた皆さまは、何かしらの形で「訪問介護」にかかわる方たちなのでしょうか。ホームヘルパーとして、サービス提供責任者として、管理者として、あるいはサービスを利用する側の利用者や家族として……。どのような立場の方であれ、本書を手に取る皆さまに知ってほしいこと、それは「訪問介護」という仕事が利用者一人ひとりの大切な毎日を守り支える仕事であるということです。

　2000（平成12）年から開始された介護保険制度による介護サービスでは、介護人材不足が深刻になっています。とりわけ、訪問介護では、担い手不足と従事者の高齢化が進んでいるのですが、こうした逆境に負けるわけにはいきません。2020（令和2）年、新型コロナウイルスの蔓延により、医療・介護提供体制は崩壊寸前でした。それを水際で守った要因の一つは、介護福祉職の献身的な働きと涙ぐましい努力の賜物であったことは間違いなく、社会で果たした役割はとても大きいものでした。

　なかでも、コロナ禍で通所系サービスが休業し、外出することもままならない利用者とその家族を最前線で支えたのは、在宅サービスの最後の砦といわれる「訪問介護」でした。在宅を訪問するヘルパーは、自らが感染しないこと、そして感染させないことを大前提に、出口の見えないコロナ禍を辛抱強く耐えて、利用者とその家族に寄り添ってきました。

　さて、人口減少が加速するなか、地域で生活をする高齢者・障害者・障害児・医療的ケア児・その家族を支えるため「介護・福祉」の

専門性がより求められる時代となってきました。

　仕事をする先が相手の家であり、家事なども含まれる場合もあることから、ヘルパーの仕事は誰でもすぐにできる仕事だと思われているかもしれません。しかし、本書を読めばその専門性がよくわかってもらえると思います。

　ヘルパーは自立支援の視点をもって、日々、在宅の利用者の生活を観察し、利用者の状況に応じて、多職種と情報共有・連携を行いながら支援を行う、とても専門性の高い仕事です。本書は、はじめて訪問介護に携わる方にもわかりやすく、ヘルパーのお仕事について解説していますが、その根底には、「介護・福祉」の専門職として持つべき専門性や誇り、さらには訪問介護の奥深さとやりがいをちりばめて執筆したつもりですので、それを感じていただけたならうれしいです。

　本書を読んで、ヘルパーという仕事にやりがいを感じ、これからの訪問介護を一緒に支えていってほしい、と心から願っております。

　最後に、本書の制作にあたり、お忙しいなか、執筆の労をとっていただいた皆さまと中央法規出版の中村強氏のご尽力に心から感謝いたします。

2024年2月

黒澤加代子

はじめての訪問介護

CONTENTS

第3章 訪問介護のお仕事

第4章 こんなときどうする？ 訪問介護 Q&A

第5章 利用者に伝えておくべきこと

凡例

本書では、以下の用語については、「　　」内の略語を用います。

訪問介護員・ホームヘルパー……………「**ヘルパー**」
　　　　　　　　　　　　　　　　　　一部、「訪問介護員」や「ホームヘルパー」と記
　　　　　　　　　　　　　　　　　　載しています。
サービス提供責任者 ………………………「**サ責**」
　　　　　　　　　　　　　　　　　　一部、「サービス提供責任者」と記載しています。
介護支援専門員 ……………………………「**ケアマネ**」
サービス担当者会議 ………………………「**担当者会議**」

第1章

||||||||||||||||||||||||||||||||||||||||||

訪問介護とは

1 ヘルパーになるには

▌ 1. 必要となる研修と資格

　ヘルパー（**訪問介護員**やホームヘルパーともいう）として働くためには、介護に必要な資格を取得する必要があります。訪問介護サービスの内容は、利用者を直接介助したり、一緒に家事等を行う「**身体介護**」と、ヘルパーが日常生活のなかの家事等を援助する「**生活援助**」があります。「生活援助」のみの場合は、「**生活援助従事者研修**」を修了することでヘルパーとして働くことができます。

　「身体介護」と「生活援助」の両方を担当するには、「**介護職員初任者研修**」を修了することが必要です。

　また、ほかにも「介護福祉士資格取得者」や「**介護福祉士実務者研修**」の修了者がヘルパーになれます。

　介護に必要な資格を取得した上で、訪問介護事業所に常勤、または非常勤で勤務することでヘルパーとしてのキャリアがスタートします。なお、「**介護職員初任者研修**」「**介護福祉士実務者研修**」を修了した人は、訪問介護事業所のほか、介護施設等の介護職員としても働くことができます。

　介護の仕事をするために、自分に合ったスタートをして、自分に合った働き方をしながらステップアップしていきましょう！

図表 1-1 介護に関する各種研修

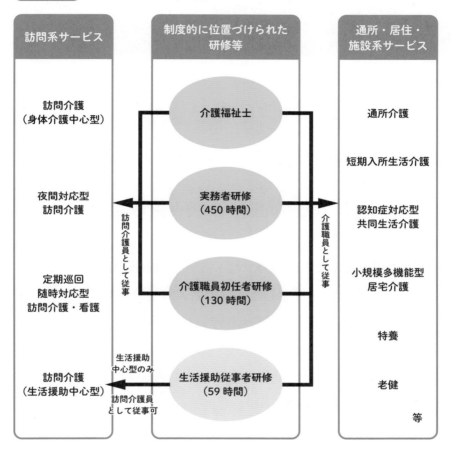

Column ヘルパーになったら

訪問介護事業所の数は全国で35,000か所を超えています(2023年現在)。訪問介護事業所が担当するエリアは、事業所のある場所が主となるため、自宅近くの顔見知りの利用者宅を訪問する可能性もあります。勤務先を選ぶ際には、そうしたことも少しだけ意識するとよいでしょう。

2. 必要となる研修の特徴

　身体的な介護はもとより、自分自身が毎日している家事行為など であったとしてもヘルパーの仕事として行うためには、介護や対人 援助の基礎的な知識が必要となります。それぞれの研修の特徴は以 下のとおりです。

①生活援助従事者研修（生活援助のみ従事できる）

　この研修の修了者は、ヘルパーとして、利用者の代わりにゴミ出 しや掃除、洗濯や調理、買い物、薬の受け取り等をする「生活援助」 のみ行うことができます。

②介護職員初任者研修（身体介護・生活援助の両方に従事できる）

　この研修の修了者は、施設の介護職員や訪問介護事業所のヘル パーとして従事することができます。「生活援助」に加えて、食事や 排泄、入浴などの利用者への直接介助を行う「身体介護」を含めたす べてのサービスを行うことができます。

③介護福祉士実務者研修

　介護福祉士実務者研修では、医療的ケアを含めた、より専門的な 介護の知識と技術を学びます。修了者は介護サービス全般が可能と なり、介護福祉士国家試験の受験資格も得ることができます。

　また、訪問介護事業所のサービス提供責任者として働くことがで きます。

図表 1-2　各種研修の比較

	生活援助 従事者研修	介護職員 初任者研修	介護福祉士 実務者研修
生活援助	○	○	○
身体介護	×	○	○
研修時間	59時間	130時間	450時間
科目数	9科目	10科目	20科目
サービス提供 責任者	×	×	○

Column　「介護に関する入門的研修」の創設

　介護人材の裾野を広げることを目的として2018(平成30)年に創設された新しい研修で、企業等で定年退職を予定している者や、中高年齢者、子育てが一段落した者などを対象にしています。介護の仕事への不安を払拭し、介護という仕事を知るための基礎的な研修です。

　入門的研修修了後には、修了証が発行されます。ただし、通所・居住・施設系サービスの介護職員として働くことは可能ですが、訪問介護員として訪問介護サービスに従事することはできません。

2 訪問介護の歴史

　訪問介護は「ホームヘルプサービス」、**訪問介護員**は「ホームヘルパー」または「ヘルパー」とも呼ばれます。なぜ2つの呼び方があるのかを知るためにも、訪問介護にかかわる制度の歴史をたどってみましょう。

1. 日本における「ホームヘルプサービス」の誕生

　1849年に英国のリバプールに発足したユダヤ婦人慈善協会（若い母親や病気をもつ貧困女性に対する在宅援助を行う団体）がホームヘルプサービスの始まりだといわれています。欧米の福祉先進国や英国のホームヘルプサービスを参考に、1956（昭和31）年に長野県上田市など13市町村に「家庭養護婦派遣事業」が誕生しました。

　家庭養護婦派遣事業では、疾病や障害などによって家庭内の家事が行えなくなった場合に、市町村の社会福祉協議会が臨時で雇った家庭養護婦を派遣していました。1958（昭和33）年に大阪市では、生活保護を受給している独居老人の家事援助と、母子家庭の自立を助ける（職業と収入を提供する）ことをねらいとして、「臨時家政婦派遣事業」が誕生しました。翌年には「家庭奉仕員派遣制度」と名称を変え、東大阪市や神戸市、名古屋市、1961（昭和36）年には東京都社会福祉協議会が実施するなど、各地に広まっていきました。

2.「老人家庭奉仕員」の仕事

　全国的な広がりを見せた家庭奉仕員は、その取り組みと効果が認められて、国庫補助対象の福祉事業となりました。1963（昭和38）年に老人福祉法が制定されたことにより、第12条において「老人家庭奉仕員」と名づけられ、正式な制度となりました。

　老人家庭奉仕員は、「老衰、心身の障害などにより日常生活を営むのに支障がある65歳以上の者」などに対して、①身体の介護に関すること（食事・排泄・入浴の介助、その他必要な身体の介護）、②家事に関すること（調理、洗濯、掃除、買い物、関係機関との連絡、その他必要な家事）、③相談・助言に関すること（生活・身上・介護に関する相談など）を行っていました。

　老人家庭奉仕員が記した日誌が、「広報がまごおり」（愛知県蒲郡市，昭和45年6月号）に紹介されていましたので、一部紹介します。

【四月某日】
洗たく物が山ほどあったので、家に持ち帰って洗たくしたが、老人のものは、いく日も着るのできれいにならず、いやになった。

【四月某日】
泣いて身の上話しをするので、私が週に必ず一度は来るからとなぐさめると、それがうれしいと言ってまた泣いた。

【五月某日】
トロロ汁が好きだと言ったので作ってあげたが、料理などまかしてくれる老人は、一番うれしい。老人のよろこぶ顔をみていたらつかれを忘れてしまった。

3. 家庭奉仕員から「ホームヘルパー」へ

　日本では長い間、女性が無償で担ってきた介護労働は、1970年代から少しずつ有償労働にシフトしてきました。その背景には、1970年代の高度経済成長と高齢化があるといわれています。

　高度経済成長期には、人口の都市集中化や女性の社会進出が進み、家族形態が変化して「核家族」が誕生しました。一方で、**高齢化社会**（高齢化率7％）に突入し、農村部などに残された高齢者世帯が増加して家庭のなかだけで介護を担うことが難しくなりました。

　そうしたなかで、**老人医療費支給制度**[注1]が導入されたことをきっかけに、**社会的入院**[注2]が問題となりました。

　高齢化社会に伴う問題に対応するため、高齢者保健福祉サービスの基盤整備を進め、1989（平成元）年に在宅福祉や施設福祉等の事業について10年間の目標を掲げた「高齢者保健福祉推進十か年戦略（ゴールドプラン）」が策定されました。それ以降は、「家庭奉仕員」という名称は見られなくなり、代わりに「ホームヘルパー」という名称が用いられるようになりました。

　そして、**訪問介護**（ホームヘルプサービス）、**短期入所生活介護**（ショートステイ）、**通所介護**（デイサービス）は『**在宅福祉の三本柱**』として老人福祉法に法定化されました。これを受けて、各自治体で

用語解説
....
注1 老人医療費支給制度：高齢者の医療費が無料となる制度

注2 社会的入院：治療を目的としない患者が長期間入院し続けること

はホームヘルパーの増員が行われるようになり、質を高めるために
ホームヘルパー 1 級・2 級・3 級の段階別研修システムが制度化され、
ホームヘルパーの養成と大量確保が図られました。

4. 訪問介護員の誕生

　ゴールドプランは10年間を目標に、在宅福祉や施設福祉サービ
スの整備を進めていましたが、途中でゴールドプランを大幅に上回
る高齢者保健福祉サービスの整備の必要性が明らかになりました。
そこで、ゴールドプランの見直しを行い、「新・高齢者保健福祉推進
十か年戦略（新ゴールドプラン）」が1994（平成6）年に策定されまし
た。この年に、日本は高齢社会（高齢化率14％）に突入しました。

　日本が世界最高水準の高齢化率となるなかで、**新ゴールドプラン**
が終了した1999（平成11）年に「今後5か年間の高齢者保健福祉施策
の方向（**ゴールドプラン21**）」が策定され、①活力ある高齢者像の構
築、②高齢者の尊厳の確保と自立支援、③支えあう地域社会の形成、
④利用者から信頼される介護サービスの確立、の４つの基本目標が
掲げられました。この目標の達成に向けて必要な費用を賄うために、
2000（平成12）年に**介護保険制度**が施行されました。

　ホームヘルプ事業は**訪問介護事業**に、ホームヘルパーは**訪問介護
員**に位置づけられ、介護保険法に基づく訪問介護を提供する専門職
となりました。そして、2013（平成25）年にはホームヘルパーの資
格制度が廃止され、**2級相当は「介護職員初任者研修」、1級相当は「介
護福祉士実務者研修」に位置づけられること**になりました。

③ 訪問介護のしくみ

1. 訪問介護とは

　訪問介護は、「指定居宅サービス等の事業の人員、設備及び運営に関する基準」（平成11年厚生省第37号）の第4条に、

> 指定居宅サービスに該当する訪問介護（以下「指定訪問介護」という。）の事業は、要介護状態となった場合においても、その利用者が可能な限りその居宅において、その有する能力に応じ自立した日常生活を営むことができるよう、入浴、排せつ、食事の介護その他の生活全般にわたる援助を行うものでなければならない。

と定義されています。

　訪問介護を利用できるのは「要介護」と認定された人です。ここでいう**「居宅」には、自宅のほかに、軽費老人ホームや有料老人ホーム、サービス付き高齢者向け住宅などの居室も含みます**。

2. サービスの特徴と内容

①身体介護

　身体介護は、2018（平成30）年に改正された「訪問介護におけるサービス行為ごとの区分等について」（平成12年3月17日老計第10号[注3]）に、**図表1-3**のように定義されています。

図表 1-3 訪問介護における「身体介護」の定義

- 利用者の身体に直接接触して行う介助サービス（そのために必要となる準備、後片づけ等の一連の行為も含む）
- 利用者の ADL・IADL・QOL や意欲の向上のために利用者と共に行う自立支援・重度化防止のためのサービス
- その他専門的知識・技術をもって行う利用者の日常生活上・社会生活上のためのサービス

身体介護におけるサービス実施内容は**図表1-4**のとおりです。

図表 1-4 訪問介護における「身体介護」の実施内容

サービス準備・記録等	健康チェック、環境整備、相談援助、情報収集・提供、サービス提供後の記録等
排泄・食事介助	排泄介助：トイレ利用、ポータブルトイレ利用、おむつ交換 食事介助：食事介助、特段の専門的配慮をもって行う調理
清拭・入浴、身体整容	清拭(全身清拭)、手浴および足浴、洗髪、全身浴、洗面等、身体整容、更衣介助
体位変換、移動・移乗介助、外出介助	体位変換、移動、移乗、通院・外出介助
起床および就寝介助	起床介助、就寝介助
服薬介助	服薬介助

<u>**自立生活支援・重度化防止のための見守り的援助**</u>(自立支援・ADL[注4]・IADL[注5]・QOL[注6]向上の観点から安全を確保しつつ常時介助できる状態で行う見守り等)

②生活援助

生活援助は、2018（平成30）年に改正された「訪問介護における
サービス行為ごとの区分等について」（平成12年3月17日老計第10
号）に、**図表1-5**のように定義されています。

図表 1-5 訪問介護における「生活援助」の定義

- 生活援助とは、身体介護以外の訪問介護であって、掃除、洗濯、調理な
  どの日常生活の援助（そのために必要な一連の行為を含む）であり、利
  用者が単身、家族が障害・疾病などのため、本人や家族が家事を行うこ
  とが困難な場合に行われるものをいう。
- 生活援助は、本人の代行的なサービスとして位置づけることができ、仮
  に、介護等を要する状態が解消されたとしたならば、本人が自身で行う
  ことが基本となる行為であるということができる。

生活援助におけるサービス実施内容は**図表1-6**のとおりです。

用語解説

注3 平成12年3月17日老計第10号：この通知は通称「老計第10
号」と呼ばれています。

注4 ADL（Activities of Daily Living）：「日常生活動作」のこと
で、食事・排泄・着脱衣・入浴・移動などの基本的な動作をいいます。

注5 IADL（Instrumental Activities of Daily Living）：「手段的
日常生活動作」のことで、電話の使い方・買い物・食事の準備・洗濯・
服薬管理などADLを応用したより高次の動作をいいます。

注6 QOL（Quality of Life）：「生活の質」「人生の質」と訳さ
れ、「生きがい」「満足感」という意味があります。

図表 1-6　訪問介護における「生活援助」の実施内容

サービスの準備等	健康チェック、環境整備、相談援助、情報収集・提供、サービス提供後の記録等
掃除	居室内やトイレの清掃、浴室掃除、ゴミ出し、準備・後片付け等
洗濯	洗濯機または手洗いによる洗濯、洗濯物の乾燥（物干し）、洗濯物の取り入れと収納、アイロンがけ
ベッドメイク	シーツ交換、布団カバーの交換等
衣類の整理・被服の補修	衣類の整理（夏・冬物等の入れ替え等）、被服の補修（ボタン付け、破れの補修等）
一般的な調理・配下膳	配膳・後片付けのみ、一般的な調理（下ごしらえ等）
買い物・薬の受け取り	日用品等の買い物（内容の確認、品物・釣り銭の確認を含む）、薬の受け取り

3. ヘルパーができる医療行為と医療的ケア

①医療行為（医行為）

　医師法第17条では、「医師でなければ、医業をなしてはならない」と規定されています。この医業とは、「医師の医学的判断及び技術をもってするのでなければ人体に危害を及ぼし、又は危害を及ぼすおそれのある行為（医行為）」とされています。これまでは医師法や保健師助産師看護師法によって、免許をもたない者が医行為を行うことは禁止されていました。しかし、高齢化などの社会的背景から医行為が必要な人々が増え、介護職も喀痰吸引や経管栄養を行う必要性が生じました。

そこで、厚生労働省は2005（平成17）年に、体温測定や血圧測定などの11項目を**医行為範囲外**^{注7}として通知を出しました。これにより、介護職ができる行為として認められました（**図表1-7**）。

図表 1-7　医行為範囲外の行為

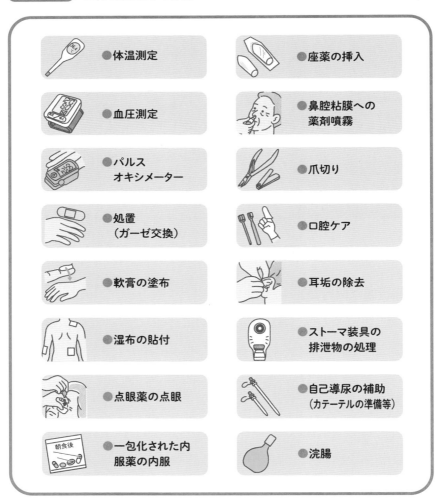

②医療的ケア

2011（平成23）年に公布された「介護サービスの基盤強化のための介護保険法等の一部を改正する法律」により、介護福祉士と一定の研修を受けた介護職員などにおいては、一定の条件下で「喀痰吸引等」の医行為が実施可能となりました。これに伴って、「社会福祉士及び介護福祉士法」が改正され、第2条の定義では、介護福祉士の「業」を示している「心身の状況に応じた介護」に、「喀痰吸引等」が追加されました。なお、介護福祉士については2017（平成29）年1月の国家試験合格者以降が対象です。

実施できる行為は以下のとおりです。

・口腔内の喀痰吸引　　・鼻腔内の喀痰吸引

・気管カニューレ内部の喀痰吸引

・胃ろうまたは腸ろう、経鼻経管栄養

施設や自宅といった介護サービス提供の場では、病院で行われる治療目的の医行為ではなく、日常生活を継続するためのニーズとして医療的ケアが求められています。

用語解説

注7 医行為範囲外：原則として医行為ではないと考えられる行為のこと。なお、厚生労働省は、2022（令和4）年に新たに19項目について「医療機関以外の介護現場で実施されることが多いと考えられる行為であって、原則として医行為ではないと考えられるもの」としてまとめ、通知を出しています。

4 介護保険

▌1. 介護保険導入の背景

　2000（平成12）年4月に**介護保険法**が施行されました。この背景には、高齢化の進展に伴う要介護者の増加や介護期間の長期化、核家族化の進行、家族介護者の高齢化などがあります。家族による介護が、家族の肉体的・精神的・経済的重圧となり、介護離職や家庭崩壊などの問題が起こってクローズアップされるようになりました。従来の老人福祉・老人医療制度による対応が限界を迎え、高齢者の介護を社会全体で支え合うしくみとして介護保険が創設されました。これまで家庭内で担ってきた介護を、広く社会共通の課題として認識し、税と保険料を中心とする財源によって社会資源（サービス）を社会全体が担うこととなりました（介護の社会化）。

　介護保険の基本的な考え方は、①**自立支援**（高齢者の自立を支援することを理念とする）、②**利用者本位**（利用者の選択により多様な保健医療サービスや福祉サービスを総合的に受けられる）、③**社会保険方式**（給付と負担の関係が明確な社会保険方式）の3点です。

介護保険法

（目的）

第1条　この法律は、加齢に伴って生ずる心身の変化に起因する疾病等により要介護状態となり、入浴、排せつ、食事等の介護、機能訓練並びに看護及び療養上の管理その他の医療を要する者等について、これらの者がその有する能力に応じ自立した日常生活を営むことができるよう、必要な保健医療サービス及び福祉サービスに係る給付を行うため、国民の共同連帯の理念に基づき介護保険制度を設け、その行う保険給付等に関して必要な事項を定め、もって国民の保健医療の向上及び福祉の増進を図ることを目的とする。

※この内容は、法の施行当時の2000（平成12）年のものです。

2. 日本の社会保障と介護保険

　日本の社会保障（国民の生活を支える制度）は6つに大別されます（**図表1-8**）。そのうち「社会保険」のなかに「介護保険」が位置づけられています。

図表1-8　日本の社会保障と介護保険

社会保障

社会保険	年金保険、医療保険、介護保険、雇用保険、労災保険（5大保険）
社会福祉	高齢者福祉、障害者福祉、児童福祉、地域福祉など
公的扶助	生活保護（生活扶助、医療扶助、住宅扶助など）、低所得者対策など
社会手当	児童手当、児童扶養手当、恩給、戦争犠牲者援護など
公衆衛生	予防医学・予防注射、難病対策、感染症対策など
その他	公共住宅、ホームレス対策など

企業保障　給与、福利厚生（休暇、賞与、各種手当など）

3. 介護保険の概要

①利用できる人

介護保険制度を利用できる人（対象者）は、第1号被保険者と第2号被保険者に分けられます。

図表 1-9 介護保険の被保険者

	第1号被保険者	第2号被保険者
対象者	65歳以上の者	40歳から64歳までの医療保険加入者
受給要件	・要介護状態（寝たきり、認知症等で介護が必要な状態） ・要支援状態（日常生活に支援が必要な状態）	要介護、要支援状態が、末期がん・関節リウマチ等の加齢に起因する疾病（特定疾病）による場合に限定

②介護サービスの種類

介護保険で利用できるサービスを大きく分けると、①介護サービスの利用にかかる相談やプランの作成（居宅介護支援）、②自宅で受けられる家事援助等のサービス（訪問介護や訪問入浴介護など）、③施設などに出かけて日帰りで行うサービス（通所介護や通所リハビリなど）、④施設などで生活（宿泊）しながら、長期間または短期間受けられるサービス（介護老人福祉施設や短期入所生活介護など）、⑤訪問・通い・宿泊を組み合わせて受けられるサービス（小規模多機能型居宅介護など）、⑥福祉用具の利用にかかるサービス（福祉用具貸与など）があります。

介護保険には、要支援１・２と認定された人を対象とした「**予防給付**」と、要介護１〜５と認定された人を対象とした「**介護給付**」があります。予防給付で利用できるサービスは、**図表1-11**の「予防」に〇がついている項目などが対象となります。

また、2015（平成27）年の介護保険制度の改正により、従来の介

護予防給付と介護予防事業をあわせた「**総合事業（介護予防・日常生活支援総合事業）**」が創設されました。市区町村が住民の互助や民間サービスと連携しながらサービスの提供を行うことや、要件を満たせば65歳以上のすべての方が利用できるのが特徴で、①介護予防・生活支援サービス事業、②一般介護予防事業の2種類があります。従来、予防給付も対象だった「訪問介護」と「通所介護」は、①介護予防・生活支援サービス事業に移行されました。介護予防ケアマネジメントとして地域包括支援センターが起点となり、要支援者に対するケアマネジメントが提供されます。

図表 1-10　介護保険の申請から要介護認定の流れ

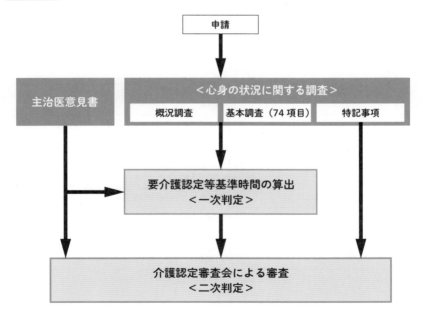

図表 1-11 介護保険で利用できるサービス（一部）

	サービス	予防※1	地域※2	内容
訪問	訪問介護	―	―	訪問介護員が家庭を訪問し、身体介護や生活援助などの介護を行う
	訪問入浴介護	○	―	看護職員と介護職員が利用者の自宅を訪問し、持参した浴槽によって入浴介護を行う
	訪問看護	○	―	看護師などが疾患のある利用者の自宅を訪問し、主治医の指示に基づいて療養上の世話や診療の補助を行う
	訪問リハビリテーション	○	―	理学療法士などが利用者の自宅を訪問し、心身機能の維持回復や日常生活の自立に向けたリハビリテーションを行う
	夜間訪問型訪問介護	―	○	夜間帯に訪問介護員が利用者の自宅を訪問する。「定期巡回」と「随時対応」の2種類がある
	定期巡回・随時対応型訪問介護看護	―	○	日中・夜間を通じて定期訪問と随時の対応を柔軟に行う。介護と看護の一体的なサービス提供を受けることもできる
通所	通所介護（デイサービス）	―	―	通所介護施設（定員19名以上）で、日常生活上の支援や機能訓練などを日帰りで提供する
	通所リハビリテーション（デイケア）	○	―	通所リハビリ施設（介護老人保健施設、病院など）で、日常生活上の支援や機能訓練などを日帰りで提供する
	地域密着型通所介護	―	○	地域密着型通所介護施設（定員19名以下）で、日常生活上の支援や機能訓練などを日帰りで提供する
	療養通所介護	―	○	常に看護師による観察を必要とする重度要介護者またはがん末期患者が対象。通所介護同様のサービス内容を提供する
	認知症対応型通所介護	○	○	認知症の利用者を対象とした専門的ケアを提供するサービス。日常生活上の支援や機能訓練などを日帰りで行う
組合せ	小規模多機能型居宅介護	○	○	「通い」「宿泊」「訪問」を組合せ、日常生活上の支援や機能訓練などを行う
	看護小規模多機能型居宅介護（複合型サービス）	―	○	「通い」「宿泊」「訪問（介護）」「訪問（看護）」を組合せ、日常生活上の支援や機能訓練などを行う
短期宿泊	短期入所生活介護（ショートステイ）	○	―	介護老人福祉施設などが常時介護が必要な利用者を短期間受け入れ、日常生活上の支援や機能訓練などを行う
	短期入所療養介護	○	―	医療機関や介護老人保健施設、介護医療院が日常生活上の支援や、医療、看護、機能訓練などを行う

その他、介護保険では介護老人福祉施設や介護老人保健施設などの施設入所や認知症対応型共同生活介護などの地域密着型サービス、福祉用具貸与、特定福祉用具販売、居宅介護支援のサービスがある

※1 「予防」は介護予防サービスがあるもの

※2 「地域」は地域密着型サービス（できる限り住み慣れた地域で生活が継続できるように、市町村指定の事業者が地域住民に提供するサービス）があるもの

③介護保険と医療保険の比較

介護保険と医療保険は、どちらも国の公的保険（社会保険）です。この2つの保険の違いは、**図表1-12**のとおりです。

図表 1-12 介護保険と医療保険の比較

	介護保険	医療保険
加入者	40歳以上の者が加入	原則すべての国民が公的医療保険に加入
給付対象者	第1号被保険者、または第2号被保険者で特定疾病に当てはまる者のうち要支援または要介護と認定された者	年齢や原因疾患が問われることなく、実質的に給付条件はない
利用できるサービス	「介護給付」「予防給付」のサービス	病気等による診察や治療、薬の処方、入院・手術など医療機関でのサービス
支給限度額	支給限度額が設定されている	支給限度額はない

介護保険と医療保険のいずれの場合も、自宅で受けられるサービスがあります（**図表1-13**）。

図表 1-13 自宅で受けられるサービスの種類

サービスの種類	内容	利用できる保険
訪問介護	訪問介護員（ホームヘルパー）が自宅に訪問し、身体介護や生活援助などを行う	介護保険
訪問看護	看護師やリハビリテーション職（PT・OTなど）が自宅を訪問して医療的なケアを行う	介護保険、医療保険
訪問診療	通院できない人のために、医師が自宅を訪問して診療や治療、薬の処方、療育相談、健康相談などにのる医療サービス。診療計画に基づき定期的に訪問・診療する	医療保険
往診	訪問診療同様に自宅で医療サービスを受けるが、定期的な訪問ではなく、患者からの依頼により都度訪問する	医療保険
居宅療養管理指導	医師や看護師、歯科医師、薬剤師、管理栄養士、歯科衛生士などが自宅で健康管理の指導などを行う	介護保険

5 障害者福祉

1. 障害者基本法と障害者総合支援法

障害者福祉に関する法律は多岐にわたり複雑です。障害のある人は複雑で多種多様な法律をうまく活用しながら生活を送っています。

障害者福祉に関する基本的な施策や、その施策を決定する際の原則を定めた法律が、**障害者基本法**です。**ノーマライゼーション**[注8]を基本方針として、医療・教育・雇用など、個別の施策について、障害の有無にかかわらず等しく生活を送ることを保障し、そのための弊害の除去を基本理念として掲げています。

そして、障害者に対する支援で最も中心的な法律が、**障害者の日常生活及び社会生活を総合的に支援するための法律（障害者総合支援法）**です。障害者総合支援法の目的としては、障害者に対する福祉サービス等が、障害種別ごとではなく一元的に取り扱われることで、国の画一的・統一的な基準のもとに行われることを保障し、障害福祉サービスの総合的な管理を可能にすることが挙げられます。

用語解説
....
注8 ノーマライゼーション：障害の有無にかかわらず、同等に生活を送れる社会をめざす概念

図表1-14に障害者福祉にかかわる法律をまとめています。このほかに、介護保険法や生活保護法、特別児童扶養手当等の支給に関する法律、国民年金法や厚生年金保険法（障害年金）なども障害者の生活を支えています。

図表 1-14　障害者福祉にかかわる法律

- 障害者基本法
- 身体障害者福祉法
- 知的障害者福祉法
- 精神保健及び精神障害者福祉に関する法律（精神保健福祉法）
- 発達障害者支援法
- 障害者の日常生活及び社会生活を総合的に支援するための法律（障害者総合支援法）
- 児童福祉法
- 障害者の雇用の促進等に関する法律（障害者雇用促進法）
- 障害を理由とする差別の解消の推進に関する法律（障害者差別解消法）
- 障害者虐待の防止、障害者の養護者に対する支援等に関する法律（障害者虐待防止法）
- 難病の患者に対する医療等に関する法律（難病医療法）
- 心神喪失等の状態で重大な他害行為を行った者の医療及び観察等に関する法律（心身喪失者等医療観察法）
- 高齢者、障害者等の移動等の円滑化の促進に関する法律（バリアフリー法）
- 身体障害者補助犬法
- 医療的ケア児及びその家族に対する支援に関する法律

2. 障害福祉サービスを受けることができる対象者

　障害福祉サービスを受けることができる対象者は、以下のいずれかに該当する人です。サービスの給付を希望する人は、市町村に申請し、障害の程度などについて審査を受けます。障害者総合支援法の制定により、障害者・児の範囲に一定の難病の人が加わりました。

図表 1-15　障害者・児の範囲

障害者：障害者とは、18歳以上の下記に該当する人のことです。
身体障害者
　身体障害者福祉法に規定されている肢体不自由、視覚障害、聴覚障害または平衡機能の障害などがある人
知的障害者
　知的機能の発達の遅れによって日常生活や社会生活に支障が生じている人
精神障害者、発達障害者
　精神障害者とは、統合失調症、高次脳機能障害、てんかんなど精神疾患がある人
　発達障害者とは、自閉症、広汎性発達障害、学習障害などにより、日常生活や社会生活に制限のある人
難病の人
　治療方法が確立しておらず、長期の療養を必要とする病気の人
障害児
　満18歳に満たない身体障害のある児童、知的障害のある児童、精神障害のある児童（発達障害を含む）、難病のある児童

3. 障害者総合支援法に基づく支援

　障害者総合支援法が定める障害者・児への福祉サービスは、自立支援給付と地域生活支援事業に分けられます（**図表1-16**）。
　自立支援給付とは、在宅や通所、入所施設サービスなどを、障害

者・児に個別給付するサービスのことです。また、地域生活支援事業とは、障害者・児を取りまく地域の地理的な条件や社会資源の状況、地域に居住する障害者の人数や障害の程度に応じて、必要な支援を柔軟に行う事業です。

図表 1-16 障害者総合支援法の給付・事業

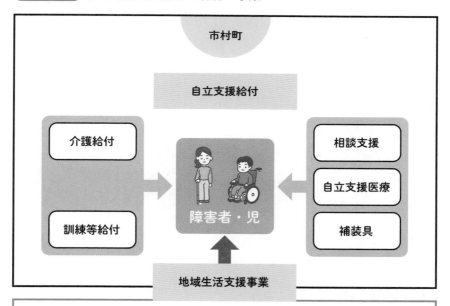

4. 申請から支給決定までの流れ

　「障害福祉サービス」は、障害者の福祉サービスの必要性を総合的に判定するため、支給決定の各段階において、①障害者の心身の状況、②社会活動や介護者、居住等の状況、③サービス等利用計画案、④サービスの利用意向、⑤訓練・就労に関する評価を把握・勘案した上で支給決定が行われます。支給決定までの流れは「**介護給付**」と「**訓練等給付**」では一部異なります（**図表1-17**）。介護の支援を受ける場合には「介護給付」（**図表1-18**）、訓練等の支援を受ける場合には「訓練等給付」（就労移行支援、共同生活援助など）に位置づけられます。入所施設のサービスは、昼のサービス（日中活動事業）と夜のサービス（居住支援事業）に分かれており、サービスの組み合わせを選択できます。

　障害のある人が必要とする支援の度合いを総合的に示すものとして「**障害支援区分**」があります。障害支援区分は１〜６に分かれてお

図表 1-17　支給決定までの流れ

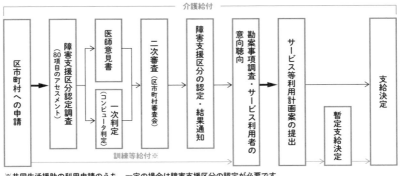

※共同生活援助の利用申請のうち、一定の場合は障害支援区分の認定が必要です。

り、支援の度合いが低いのが区分1で、区分6に近づくにつれて高くなります（p.45参照）。また、区分1〜6に該当せず非該当と判定される場合もあります。支援の種類によっては、非該当でもサービスを利用できたり、適用条件に「障害者支援区分の認定（支援により区分が異なる）」が定められていたりする場合があります。

図表 1-18 介護給付の種類と内容

種類	内容
居宅介護	障害者等の自宅において、入浴や排泄、食事等の介護、調理や洗濯、掃除等の家事、そして生活等に関する相談や助言などを提供する
重度訪問介護	重度の肢体不自由者や重度の知的障害もしくは精神障害者で常時介護が必要な人に、居宅や病院、入所施設において生活していく上で必要なサービスや、外出時の移動中の介護を総合的に提供する
同行援護	視覚障害のために移動に著しい困難のある障害者等に対して、外出時に同行し、必要な情報の提供や移動の援護ほか、排泄や食事など外出中に必要な援助を提供する
行動援護	知的障害や精神障害により行動上著しい困難のある障害者等で、常時介護が必要な人に対して、行動時に危険を回避するための援護や、外出時の移動中の介護、排泄や食事など必要な援助を提供する
療養介護	医療と常時介護を必要とする人に、主に昼間に病院で行われる機能訓練、療養上の管理、看護、医学的管理の下での介護や日常生活上の世話を提供する
生活介護	常時介護を必要とする人に、主に昼間に障害者支援施設などで入浴や排泄、食事、調理や洗濯、生活等に関する相談や助言、創作活動の機会の提供、身体機能や生活能力向上のために必要な支援を提供する
短期入所（ショートステイ）	自宅において介護を行う人の疾病などの理由により、障害者支援施設や児童福祉施設などに短期間入所をさせて、必要な支援を行う
重度障害者等包括支援	常時介護を必要とする障害者等であって、意思疎通を図ることが著しく難しい人のうち、行動上に著しい困難がある人に対して、居宅介護、同行援護、行動援護、生活介護、短期入所、自立訓練などのサービスを包括的に提供する
施設入所支援	施設に入所する障害者に対して、主に夜間に、入浴や排泄、食事の介護、生活に関する相談や助言などの必要な日常生活上の支援を行う

⑥ ヘルパーにできること

第1章3でも述べましたが、ヘルパーの仕事は介護保険法にあるとおり「有する能力に応じ自立した日常生活が営むことができる」よう介護サービスを提供することであり、その財源は国民が納める税金等から成り立っています。

そのため、介護サービスを適切に利用してもらうためにも、ヘルパー自身が介護保険において「**できること・できないこと**」を把握しておくことが必要です。

ポイントは、あくまでも「**対象は利用者**」であるということです。

1. 介護保険で "できない" こと

利用者本人以外のための行為やヘルパーが行わなくても日常生活に支障がないと判断される行為、日常的に行われる家事の範囲を超える行為などについては、ヘルパーは実施できません（**図1-19**）。

こうした内容の場合、介護保険でヘルパーが行うのではなく、多様な代替サービスが使用されます（**図表1-20**）。

また、**ヘルパーは家政婦ではありません**。たとえば、要望されたとおり、ただ掃除をするのではなく介護職として利用者の心身の状況を把握しながら訪問介護サービスを行います。利用者から依頼や相談を受け、判断に迷ったときには事業所のサ責に相談しましょう。

図表 1-19　介護保険ではできないこと

● 利用者本人以外のための行為
● ヘルパーが行わなくても
　日常生活に支障がないと判断される行為　　　　　　　 これらは対象に
● 日常的に行われる家事の範囲を超える行為　　　　　　 なりません

✕ 利用者本人以外の者のための洗濯・調理・買い物
✕ 主として利用者本人が使用する居室以外の掃除
✕ 特例な手間をかけて行う料理
✕ 単なる見守り・安否確認・留守番・話し相手
✕ 草むしり・花木の水やり
✕ 日常生活に必要な物以外の買い物　　　など

図表 1-20　介護保険適用外となるもの

● 外食の手伝い　● お墓参り　　　● ガーデニング　● ペットの世話
　　　　　　　　 ● 冠婚葬祭の付添い

● 観劇・趣味の　● 家族分の家事　● 見守り・話し相手　● 大掃除・模様替え
　同行　　　　　　　　　　　　　　　　　　　　　　　　　　　　など

※事業所によっては保険外で対応

2. 主な仕事として "できる" こと

　ヘルパーが専門職である介護職として行う仕事として、「排泄介助」「入浴介助」「衣類着脱介助」「口腔ケア」「起床就寝介助」「食事介助」「服薬介助」「外出介助」「通院介助」などの直接身体に触れる**身体介護**があります（**図表1-21**）。

　そして「自立生活支援・重度化防止のための見守り的援助」として利用者の自立支援・ADL・IADL・QOL向上の観点から、安全を確保しつつ常時介助できる状態で行う**見守り**等と「掃除」「洗濯」「買い物」などの**生活援助**があります（**図表1-21**）。

　詳細は「訪問介護におけるサービス行為ごとの区分等について（老計第10号）」に記載されています。

3. 医療行為（医行為）について

　またp.13で述べたとおり、ヘルパーには「医療行為（医行為）」は認められていませんが、一定の要件（研修修了）を満たしている場合に医師の指示に基づき「喀痰吸引」ならびに「経管栄養」の処置を行うことが認められています（p.15参照）。

　そのほか『医行為に当たらない行為』としてヘルパーが行えるものには**図表1-7**（p.14）のような内容があります。こうした仕事を行う場合、サ責がきちんと判断して、業務内容としてヘルパーに伝えてくれますので、不安に思う必要はありません。ヘルパーとしては、そういうこともあることを知識として押さえておきましょう。

図表 1-21　介護保険で仕事としてできること

身体介護

●食事の介助

●着替え
●身だしなみの介助

●排泄の介助

●入浴の介助

●口腔ケア

●身体清拭の介助

●服薬介助

●通院介助（送迎部分のみ）

●起床・就寝介助

●自立支援のために
　ともに行う家事

●外出介助

●見守り的介助

生活援助

●洗濯

●利用者本人の使用する
　部屋の掃除

●調理・配膳・片付け

●ベッドメイク・ゴミ出し

●薬の受け取り

●日用品の買い物

7 ヘルパーの法令遵守と倫理

┃ 1. 法令遵守（コンプライアンス）とは

　私たちは日本国憲法等の「法律」に定められたルールと社会の中で生活をしています。法律には正しいこと、正しくないことが示され、法律に違反すると罰則規定も明示されています。法律に従って行動することを**法令遵守**または**コンプライアンス**といいます。

　たとえば、自動車の運転をする際の法令は、『道路交通法』によって定められており、これを守らなければ罰則や罰金が課されます。なぜならば、こうした法令を守らないことで、交通事故を引き起こし、重大な結果につながるリスクがあるからです。

　同様に介護業務を行う際には『**介護保険法**』等で守るべき法令が定められており、これを違反すれば罰則が待っています。

　介護保険法には介護事業所としての規定と、介護従事者としての規定が示されていますので、介護従事者は介護保険法について一通り知っておく必要があります。特に訪問介護ではヘルパーが一人でサービスを提供するため、ヘルパー自身が根拠となる法律を知っていることは、ヘルパー・利用者の双方にとって安心材料となります。

　法令遵守を行った上で、事業所の理念に沿って、介護従事者としての倫理観を持ち、業務を遂行しましょう。

法令遵守

倫理観

2. 介護における倫理

　「**倫理**」とは、「守るべき道、ルール、モラル」等を意味します。そして、「**職業倫理**」とは、それぞれの職業において定められる、その責務を果たすための行動や行為を規定する倫理的な決まりや道徳的な基準のことです。医師には医師の、看護師には看護師の、そして介護職には、介護の「専門職」としての職業倫理が存在します。

　また、「倫理」は法令遵守とは異なり、法律で定められているわけではなく、法的な拘束力・強制力はありません。しかし、人の命や安全な暮らしを支える医療職や介護職には、とりわけ高い倫理観が求められています。なぜなら、倫理観の欠如が、医療事故や介護事

故につながるからです。もし事故が起こった場合、その人だけでなく、その職種全体が社会から信用を失うでしょう。そのため、各専門職団体は、それぞれに守るべき倫理綱領を作成し、専門職としての倫理観を育くもうと、専門教育に取り入れているのです。

①介護福祉士の倫理

国家資格である介護福祉士の職能団体である日本介護福祉士会では、介護福祉士の倫理として「倫理綱領」を定めています（**図表 1-22**）。介護職として守るべき心得としてほしいと思います。

図表 1-22 日本介護福祉士会倫理綱領

日本介護福祉士会倫理綱領 　　　　　　　　　　1995 年 11 月 17 日宣言

前文

私たち介護福祉士は、介護福祉ニーズを有するすべての人々が、住み慣れた地域において安心して老いることができ、そして暮らし続けていくことのできる社会の実現を願っています。

そのため、私たち日本介護福祉士会は、一人ひとりの心豊かな暮らしを支える介護福祉の専門職として、ここに倫理綱領を定め、自らの専門的知識・技術及び倫理的自覚をもって最善の介護福祉サービスの提供に努めます。

（利用者本位、自立支援）

介護福祉士は、すべての人々の基本的人権を擁護し、一人ひとりの住民が心豊かな暮らしと老後が送れるよう利用者本位の立場から自己決定を最大限尊重し、自立に向けた介護福祉サービスを提供していきます。

（専門的サービスの提供）

介護福祉士は、常に専門的知識・技術の研鑽に励むとともに、豊かな感性と的確な判断力を培い、深い洞察力をもって専門的サービスの提供に努めます。また、介護福祉士は、介護福祉サービスの質的向上に努め、自己の実施した介護福祉サービスについては、常に専門職としての責任を負います。

（プライバシーの保護）

介護福祉士は、プライバシーを保護するため、職務上知り得た個人の情報を守ります。

（総合的サービスの提供と積極的な連携、協力）

介護福祉士は、利用者に最適なサービスを総合的に提供していくため、福祉、医療、保健その他関連する業務に従事する者と積極的な連携を図り、協力して行動します。

（利用者ニーズの代弁）

介護福祉士は、暮らしを支える視点から利用者の真のニーズを受けとめ、それを代弁していくことも重要な役割であると確認したうえで、考え、行動します。

（地域福祉の推進）

介護福祉士は、地域において生じる介護問題を解決していくために、専門職として常に積極的な態度で住民と接し、介護問題に対する深い理解が得られるよう努めるとともに、その介護力の強化に協力していきます。

（後継者の育成）

介護福祉士は、すべての人々が将来にわたり安心して質の高い介護を受ける権利を享受できるよう、介護福祉士に関する教育水準の向上と後継者の育成に力を注ぎます。

②ヘルパーの倫理

　ホームヘルパーの職能団体である全国ホームヘルパー協議会は「倫理綱領」（**図表1-23**）、日本ホームヘルパー協会は「ヘルパー憲章」（**図表1-24**）をそれぞれ定めています。

　訪問介護は利用者の自宅に訪問し、1対1で介護サービスの提供をするからこそ、一人ひとりのヘルパーが専門職としての責任と自覚と自信を持ち最善の訪問介護を提供しましょう。

図表 1-23 全国ホームヘルパー協議会倫理綱領

1 ホームヘルプサービスの目的

私たちは、利用者が住み慣れた地域で心豊かに安心して暮らしつづけたいという気持ちに寄り添って、日常的に介護を必要とする障害者（児）や高齢者の生活を支え、その家族や介護者を支援し、自立支援を目的としてホームヘルプサービスを提供します。

2 自己研鑽、社会的評価の向上

私たちは、ホームヘルパー同士または他職種との交流をとおして、知識・技術の研鑽に励み、専門性の確立をはかり、ホームヘルパーの社会的評価を高めるように努力します。

3 プライバシーの保護

私たちは、個人の情報に接する機会が多いことを自覚し、職務上知り得た個人の情報を漏らさぬことを厳守します。

4 説明責任

私たちは、専門職として自己の実施したサービスについて利用者に説明する責任を負います。

5 サービスの評価

私たちは、提供しているサービスが利用者の自立支援の視点に立っているか、常に評価を行います。

6 サービス内容の改善

私たちは、利用者の意見・要望そして苦情を真摯に受け止め、サービス内容の改善に努めます。

7 事故防止、安全の配慮

私たちは、介護事故の防止に細心の注意を払い、安全にサービスを提供します。

8 関連サービスとの連携

私たちは、ケアマネジメントなどの関連サービスとの連携、福祉、医療、保健その他の関連領域に従事する者と積極的な連携を図り、協力して行動します。

9 地域福祉の推進

　私たちは、利用者が望む地域での暮らしを支援し、地域の生活課題を地域において解決できるように住民との協働に努めます。

10 後継者の育成

　私たちは、会員相互で知識・技術について高めあうとともに後継者の育成に力を注ぎます。

図表 1-24　日本ホームヘルパー協会ヘルパー憲章

1. 私たちホームヘルパーは、介護・医療・福祉等が連携し、利用者が住み慣れた地域で生活できるよう支援します。
1. 私たちホームヘルパーは、常に愛情と熱意をもって利用者の自立を助け、家庭の維持と発展を援助します。
1. 私たちホームヘルパーは、利用者の尊厳を守り、常に利用者の立場に立ちながら仕事にあたり、利用世帯や地域住民から信頼されるホームヘルパーになります。
1. 私たちホームヘルパーは、常に服装や言語に気をつけ、笑顔を忘れず、仕事上で知り得た他人の秘密は口外しないことを約束します。
1. 私たちホームヘルパーは、常に研鑽に努め、在宅福祉の第一線にある者として、自ら資質向上に努めます。

1 支援制度を使って資格を取得。

未経験でも楽しく働ける！

ハキハキした対応で、いつも元気いっぱいのYさん。

介護の仕事はまったくの未経験からのスタートでしたが、メキメキと力をつけ、介護福祉士の資格取得も見据えています。

仕事が楽しくて、気がついたら週6日勤務に！

　私は学校卒業後、飲食店で働き、10年以上接客業をしており、介護職とは無縁の世界で生きてきました。介護職って大変そうだなぁという印象がある程度でしたが、親の介護を考える年齢になり、あまりにも介護の知識がないことに不安を感じるようになりました。

　そこで、下の子が幼稚園に通いはじめ、時間に余裕ができてきたので「週に2〜3日くらい介護職で働いてみようかな？」と思ってこの仕事を始めました。そんな軽い気持ちで始めてみたところ、この仕事はとにかく楽しい！　気がついたら週に6日働いていました。それでも毎日ビッシリと訪問件数が詰まっているわけではありませんし、仕事の合間に自宅に戻って家事をすることもできるので、体力的にも精神的にも余裕がありました。

利用者の反応が楽しみ。ワクワクしながら訪問先へ

　なぜ、そんなに楽しいのかといえば、この仕事を始めて気がついたのですが、私は利用者に喜んでもらうことが本当に好きだということです。利用者が困っていることを耳にすれば、それをサ責に報告し、さらに自分なりに調べたことをサ責と相談して、次の訪問時に実践し、そのことで利用者から「ありがとう」と言われるとすごくうれしいのです。利用者に話したいことや実践したいことを思いついたら、手帳にメモしているので、職場の人からは「芸人さんのネタ帳みたいだね」と言われています。

　私は栄養士の資格を持っていて、調理介助に入ることが多いので、栄養バランスを考えつつ、おいしく食べてもらえるように工夫をしています。それを食べたときの利用者の反応を想像して、いつもワクワクしながら訪問先に向かっています。

会社の支援制度を活用し、資格を取得。未経験でも問題なし！

　介護の仕事は未経験だった私ですが、職場のスタッフに教わったり励ましたりしてもらいながら、経験を積むことができました。失敗したこともありますが、怒られたことは一度もありません。また、介護職員初任者研修の資格を会社の支援制度を使って取得しました。今後は、介護福祉士の資格取得にチャレンジする予定です。

　今の事業所には長く働いている先輩が多いので、私も見習ってできる限り長く働きたいと考えています。子どもが小さいうちは今のペースで働きたいですが、もう少し大きくなったら働く時間を増やしたいですね。そのときのために技術や知識を身につけたいです。

第2章

||||||||||||||||||||||||||||||||||||||

訪問介護の
心がまえとマナー

1 訪問介護を利用する 人の理解

1. 生きること全体の理解

　ヘルパーとして働くには利用者を理解することが不可欠です。さまざまな面から理解していきましょう。

①身体的特徴や疾病

　利用者が介護サービスを利用する直接的な原因となった疾病や、これまでの病歴の理解も利用者を理解するためには必要です。

　また、利用者の身体の動き、手の動きや足の動きはどうでしょうか。しっかりと食べて、消化して排泄されているでしょうか。声や音は聴こえていますか、目はどのくらい見えていますか。家にある物の配置や、利用者がどこに手をついて移動しているのかを家具や壁の汚れなどから知ることもできます。サ責からの情報提供のほか、利用者とかかわるなかで情報を集めることもとても大切です。

　さらに精神面での理解、何をどこまで理解できているかなど、利用者の言葉からだけでなく、毎日の生活のなかでの行動や家の中の雰囲気、生活環境の些細な変化から気づくことができるのがヘルパーです。

②価値観や生き方

　利用者を知るためには、これまでの成育歴や生活歴を知ることも

大切です。どこで生まれ、どのような教育を受け、どう育ったのか
を知ることで、その人となりの理解につながります。

　利用者の好きなこと、嫌いなこと、好きな食べ物や嫌いな食べ物
を知ることのほか、それにまつわるエピソードなど、いろいろなこ
とを知るなかで今の利用者の理解が深まります。

　また、自立のための支援をする際には、利用者の家での役割や社
会的立場なども知っておくことが大切です。

　そして、家に置いてある物、その配置、扱い方、飾ってある物、
家族との関係など、利用者を取り巻く環境、こだわりの詰まった「自
宅」からは、本当にいろいろなことを知ることができます。

　利用者一人ひとりに合った方法で支援をするには、まず、いろい
ろなことに気づく目をもち、関心をもってかかわることが必要です。

2. 利用者の状態を知る目安

　利用者の心身の状態に応じて、日常生活で必要とされる標準的な支援の度合いを、**介護保険法**では「**要介護状態区分**」、**障害者総合支援法**では「**障害支援区分**」として示してます。

　利用者を知る、理解するには直接的にかかわって知るほかに、おおまかな**目安として状態を理解**しておくことも重要です。そうした標準的な状態像を知った上で、実際にかかわり、状態を再確認したり、比較してみることで、より深く利用者個々の違いを理解することができます。

①**要介護状態区分**

　図表2-1に示すとおり、要介護状態区分には、要支援1・2、要介護1〜5があり、判定された状態区分に応じて、それぞれ予防給付と介護給付が利用できます。**要介護認定**の**状態像**を大まかに把握しておくことも大切ですが、訪問介護のよさは利用者とヘルパーが一対一で個別性に合わせてかかわることができることです。利用者がどのように生活をしているのか、どのような身体、精神の状態にあるのかを理解するように努めましょう。

②**障害支援区分**

　「障害者の日常生活及び社会生活を総合的に支援するための法律（障害者総合支援法）」では、障害のある人が生活をするなかで支援を必要とする度合いを「障害支援区分」（**図表2-2**）で示しています。1から6段階に分け、数字が大きくなるほど、必要とされる支援の

度合いは高くなります。同じ障害であったとしても、支援の頻度や方法、加減もさまざまですので、まずは担当する利用者を知るための情報を集めましょう。

図表 2-1 要介護状態区分別の状態像

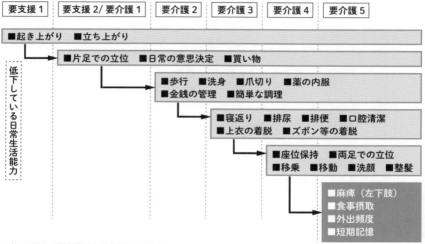

（80％以上の割合で何らかの低下が見られる日常生活能力（※））

※全 74 項目の要介護認定調査項目において、
・介助の項目（16 項目）で、「全介助」または「一部介助」等の選択肢
・能力の項目（18 項目）で、「できない」または「つかまれば可」等の選択肢
・有無の項目（40 項目）で、「ある」（麻痺、拘縮など）等の選択肢
を選択している割合が 80％以上になる項目について集計

図表 2-2 障害支援区分

介護保険制度の要支援 1・2、要介護 1〜5 のように、障害支援区分によって利用できるサービスとできないサービスがあります。サービスごとに基準が決められています。

2 他人の家に入るということ

　ヘルパーは利用者の自宅に伺い、一人ひとりに合った形で日常生活のなかでの専門的な介護や支援を行います。一対一で利用者にじっくりと向き合い、これまでの生活を大切にした支援ができます。しかし、利用者の自宅は「**他人の家**」であるということについては十分に留意しなければなりません。

　特に生活援助など、家事等をする際には自分のやり方、自分の家のルールを持ち込まず、サ責の作成する訪問介護手順書に従い、その家の主である**利用者のやり方**を考慮して進めましょう。

1. それぞれの生活スタイルの理解

　利用者が生活する場は、**生活のスタイル**、**こだわり**がつまった場所です。たとえば、ヘルパーから見たら、ものすごく散らかって見える部屋であっても、利用者にとっては、毎日の生活に必要な物が自分に使いやすい形で置いているという場合もあるのです。衛生状態が悪いなど、片付けたり、整えたりする必要がある場合は、利用者に説明し、納得してもらわなければなりません。そのためにも、しっかりとしたコミュニケーション能力を身につけましょう。

Column 自分の家と一緒だと思わないこと！

それぞれの家で生活方法、ルールは違います。細かく確認をしましょう。

・掃除や洗濯、調理などの家事の方法や手順

・賞味期限の切れた食品や生活用品を"捨てる"時期

・物の置き場所、置き方

・洗い物をする場所、汚水を流す場所

2. 信頼や信用を得るために

　よく知らない人、または知り合ったばかりの人が自分の家に、自分の部屋に入ってくることを想像してみてください。誰だって少なからず抵抗感を感じるはずです。もし、介護サービスを使わずに自分の力で生活できるのであれば、好き好んで自分の生活の場や生活スタイル、こだわりなどを他人に見せたいとは思わないでしょう。そういった利用者の心情を何より理解し、利用者の家を訪問するときには介護の専門職として、十分に注意していきましょう。

　見られたくない物、入ってほしくない部屋、触れてほしくない物などについては、介護サービスが始まる前にサ責が聴き取り、サービスに影響がないよう、手順書に落とし込んでいますのでよく確認をしましょう。

　そして、介護サービスを続けるなかでも新たに気づいたこと、利用者から言われたことなどを反映していくことで、より信頼される介護サービスの提供ができます。

　また、訪問する際の持ち物や服装などにも注意をしていきましょう。利用者から盗難などを疑われないよう配慮したバッグなどの持ち物や服装、物を捨てるタイミングや片付け方など利用者本位の支援方法や日頃からのコミュニケーションで信頼を得られるようにしていきましょう。

見える場所に置く

ポケットに物を詰め込まない

3. 信頼や信用を得るための姿勢

　ヘルパーとして利用者の家に入り仕事をする際には、利用者に信頼してもらうこと、信用して任せてもらうことなども必要です。

　また、内容によっては利用者がしてほしいと願っても、介護保険上できないことを断ったり、利用者にとってはがっかりするような返答をしたりしなければならないこともあります。

　そのようなときにも、利用者との関係性を保ち、信頼や信用を得ていくためには、**第2章1**で説明したように、まずは、とことん利用者を知ること、理解することです。そして、日頃からの**利用者を大切に思う気持ちを態度や言葉で表す**こと、利用者一人ひとりに合わせたコミュニケーションを図り、**時間を守る、規則を守る**といった介護の専門職としての姿勢が大切になります。

3 自立を支える

　ヘルパーの仕事は、利用者のできないことをお世話するということではありません。利用者が自分の身の回りのこと、生活のなかでできることや、していることを維持しながら自分らしく自立した生活を送るための支援をするのがヘルパーの仕事です。

　利用者やその家族のなかには、家政婦のように何でもしてくれると思ってしまう人もいます。そうではないということを理解してもらうためにも、ヘルパー自身が自立のための支援について理解しておく必要があります。

1. 訪問介護における自立とは

　利用者ができる限り、自分の力で生活していくことを支援することが訪問介護(ホームヘルプサービス)で行われる**自立支援**です。生活における自立は3つに分けられます。簡単に言うと以下のとおりです。

- ・身体的自立：食事、排泄、移動など生活に必要な動作
- ・精神的自立：判断する、選択する、行動につなげる
- ・経済的自立：生活費を年金や預金等でまかなう

　それぞれが関係しあい、影響しあいます。どこまでをヘルパーがするのか、どんな言葉をかけるのか、どのような環境整備をして利

用者が自分でできることを促すのか、慣れた場所であるからこそできること、施設のように整った環境ではないからこそ、工夫が必要なこともあります。ヘルパーとして自立支援をするという役割をふまえた上で、利用者自身やその生活スタイル、生活環境をよく観察し、訪問介護ならではの自立支援をしていきましょう。

2. ヘルパーが行う自立支援

高齢になり自分の力だけでは毎日の生活が難しくなったとしても、一人きりの生活になったとしても、最期まで住み慣れた場所、自分の暮らしたい場所で自分らしく生活することは、**QOL（生活の質）の向上**、**生きることの喜び**にもつながります。

ただし、利用者がしてほしいことをすべて叶えるのではなく、できることに対して促し、働きかけ、難しいことについてはよく理解した上で利用者本人に合った形で手助けしていくことがヘルパーの役目です。

支援内容は、サ責が作成する「**訪問介護手順書**」に書かれています。手順書は、利用者の身体・精神的な状態や、これまで生活してきた環境、使い慣れた物や場所などを把握した上で作成されます。

自分が担当する利用者の心身の状態をよく知り、「手順書」にある**自立支援のポイント**、働きかけとその意味をよく理解しましょう（**図表2-3**）。

図表 2-3 訪問介護手順書にある自立支援のポイント例

令和　　年　　月　　日

利用者名	Aさん	
所要時間	サービス内容	特記事項
9：00	正面玄関の呼び鈴を鳴らした上で勝手口から入室	返事があるまで入室しない
9：05	挨拶とサービス内容の確認 観察ポイント ・顔色、足の運び、受け答え等確認 ・**本日の洗濯物の有無と洗濯方法の確認** 洗濯物がある場合は洗濯機を回す	・変化があった場合、特に受け答えがいつもと違うときにはすぐにサ責に連絡 Aさんが選ぶ
9：15	・**前日の洗濯物畳みをAさんができるよう机の上に洗濯物を並べる**	Aさんのできることはお願いし、やりやすいよう場所を整える
10：40	・洗濯ができた洋服を一緒に干す ・Aさんには、靴下や下着などをピンチハンガーに干してもらうよう声をかける ・長袖のものや、バスタオルなど大きな物はヘルパーが干す ・Aさんが干し終わったハンガーをヘルパーが外に持ち出し干す （本人が嫌がったり、手がふるえる場合はヘルパーが代行する）	利用者がどこまでするのか、ヘルパーがどこまで手伝うのか、変化があった際の注意など

3. 訪問介護での自立支援とPDCA

　利用者が暮らしている空間には、利用者のこだわりや、自分なりの生活の工夫があふれています。また、利用者との会話などのコミュニケーションからも自立のための**働きかけのヒント**を見つけることができます。

　訪問介護計画書や手順書にある自立支援にかかわる働きかけや介護を実施した結果、利用者の反応や動き方など、新しく気づいたことなどは、サ責にどんどん伝えていきましょう。

　利用者の状態は、ずっと同じではなく、心身の状態や暑い寒いなどの些細な環境の変化からも影響を受け、変化します。介護の方法によってよくなっていくこともあれば、その逆もあります。

　自分が提供した介護サービスの結果や利用者との会話からわかったことなどをサ責に伝え、より利用者に合った介護へとつなげていきましょう。

　図表 2-4　訪問介護の PDCA

4 身だしなみ・服装

1. 身だしなみ

　ヘルパーの身だしなみ・服装については、多くの事業所が一定のルールを定めていますのでしっかりと確認をしておきましょう。

　一方で、ヘルパー自身である程度自由に選択できる場合もあります。そのような場合には、以下を参考にしてください。

　ヘルパーに求められる身だしなみ・服装のポイントは、**「清潔感」**と**「安全性」**です。第一印象となる身だしなみ・服装には十分に配慮をしましょう。

　社会人として仕事をするわけですから、社会的な信用度を考え、濃い化粧や奇抜な髪形、明る過ぎる髪色は避けましょう。また、指輪や腕時計、大きなベルトのバックルなどは利用者にけがをさせてしまうリスクがあるので、アクセサリーは外します。

　また、タバコの臭いや香水などで気分を悪くする利用者もいますので、訪問前の喫煙や強い香りのする整髪料・香水は控えましょう。

　加えて、手足の爪は短く整えておきます。ヘルパー自身のためでもあり、身体介護する場面で利用者を傷つけないためでもあります。

図表 2-5　身だしなみの基本

（1）頭髪	・長い髪は邪魔にならないように束ねたり、ピンなどで留める ・ヘアカラーは派手ではない色 ・香水や香りや強い整髪料はつけない
（2）手足	・爪は短く切る ・色のついたマニュキュアはしない
（3）アクセサリー	・指輪、ピアス（イヤリング）、ネックレス、腕時計などは外す
【その他】	・就業中は禁煙（訪問前も） ・口臭にも気をつける

2. 服装

　訪問時の服装については、ユニフォームがある事業所では、多くがポロシャツを採用しているので、ポロシャツを選んでおくと無難です。ただし、あまり大きなロゴが入っていたり派手な模様の物は避け、ワンポイントの刺繍やオーソドックスな柄程度に留めておきましょう。ボディラインがくっきりと見えたり、過度に肌を露出するような服装は避けてください。

　下は長ズボンを着用します。ストレッチの効いたチノパンを選ぶことをおすすめします。ジャージやジーンズを履いている人もいますが、これらは「失礼」と感じる利用者もいるようです。

　服装は、「清潔感」と同時に「安全性」も考慮しないといけません。介護サービスは、歩行を支えたり、車いすへの移乗を介助したりと利用者の身体に触れる機会も多くあります。利用者がけがをせず、安全に動作できるように、ヘルパー自身が動きやすい服装を心がけることも大事です。

図表 2-6　服装の注意点

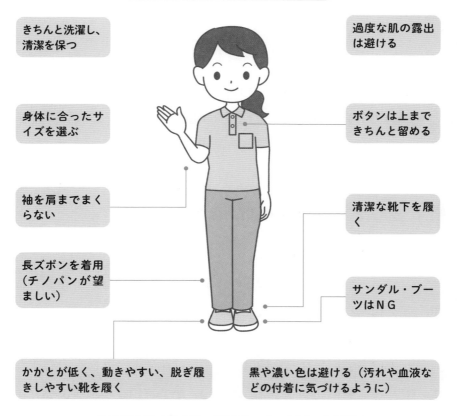

ユニフォームがある場合は、必ず着用

きちんと洗濯し、清潔を保つ

過度な肌の露出は避ける

身体に合ったサイズを選ぶ

ボタンは上まできちんと留める

袖を肩までまくらない

清潔な靴下を履く

長ズボンを着用（チノパンが望ましい）

サンダル・ブーツはNG

かかとが低く、動きやすい、脱ぎ履きしやすい靴を履く

黒や濃い色は避ける（汚れや血液などの付着に気づけるように）

※入浴介助の場合は、別途Tシャツ・短パンを用意

ポイント

ヘルパーに求められる身だしなみ・服装のポイントは、「清潔感」と「安全性」です。「会社のルールに反していない限り、自分の好きな身だしなみ・服装をしてもよい」ということではありません。訪問介護も他の仕事と同じく、社会における仕事の一つであることを自覚しておきましょう。

5 あいさつ

　あいさつとは、相手の存在を認め、相手に対して関心、理解、信頼、尊敬を表現する行為の一つです。つまり、相手に対する「関心と無関心の分岐点」があいさつともいえるでしょう。これを実践することで、相手を認め、相互理解・信頼を形成し、コミュニケーションの活性化へと結びつきます。

1. あいさつの4原則

「あ」：明るい声と笑顔で

　声だけでもヘルパーのその日の体調や機嫌などコンディションは利用者に伝わります。明るく元気に笑顔であいさつをしましょう。

「い」：いつも、毎回

　昨日あいさつしたから今日はしない、なんてことはしないですよね。利用者の家に訪問するたび、毎回、あいさつをしましょう。

「さ」：先に

　相手から先にあいさつをされる前に、自分から率先してあいさつをしましょう。

「つ」：続けて

「こんにちは」だけでもあいさつですが、できればここに会話を続けてみましょう。「こんにちは。今日は朝から陽が出て外に出かけやす

いですね」など、天気や季節の簡単な話題でも結構です。会話を続けることでさらにコミュニケーションも活性化されます。

2. 到着時・訪問時

　利用者の家に到着したらまずは身だしなみを点検します。明るい笑顔で元気にあいさつします。事業所名（p.67参照）と名前をはっきりと伝えます。

3. 入室、サービス開始時

　改めて事業所名・名前を伝えます。特に初回訪問時は、会社から支給されている社員証などを見せて、身分がわかるようにします。利用者とは居室であいさつする場合もあります。利用者の目線と高さを合わせてあいさつをしましょう。和室に通された場合には、特にマナーに気をつけ畳の上で膝をついてあいさつをします。

4. 退室時

「ありがとうございました。私はこれで失礼します、次は○○日に伺います」

　利用者にサービスを利用してもらったことへの感謝を伝えます。次回訪問日が決まっていれば伝えましょう。

　玄関を出るときに「失礼いたします」ともう一度声をかけてから退室します。

6 言葉づかい

　「言葉は心の使い」ということわざがあります。これは、心に思っていることは自然と言葉に現われるものであるということを例えた意味です。（「精選版 日本国語大辞典」）

　利用者に対する言葉づかいは介護をするヘルパーの態度にも表れてきます。利用者だけではなく、一緒に暮らす家族やほかの人に聞かれても信頼してもらえる言葉づかいを心がけましょう。

　利用者に対する言葉づかいの基本は「敬語」です。利用者との関係が長くなり親しくなっても、必ず名字で呼びます。人生の大先輩である利用者に対し、敬意をこめて対応しましょう。

　利用者や仕事に慣れてくると、「お風呂に入ろうね」「お薬飲まないとダメだよ」など、馴れ馴れしい言葉づかいになることも少なくありません。堅苦しい敬語では、利用者との良好な関係をつくるのが難しいと考えるヘルパーもいますが、利用者によってはそれを不快に感じる人もいます。

　丁寧な敬語を使っても、利用者へ親しみや気づかいを伝えることができます。「親しさ」と「馴れ馴れしさ」は違うことを理解しておきましょう。最低限、語尾は「〜です（ます）」をつけて話すように徹底しましょう。

┃ 1. 敬語の種類

　敬語には「丁寧語」「尊敬語」「謙譲語」の3つがあります。

「丁寧語」：言葉の使い方を丁寧にすることで、話し手が聞き手に対する敬意を示す表現。

「尊敬語」：相手を高く位置づけ、その人を丁寧に扱う表現。

「謙譲語」：自分を低めることで間接的に相手を高め、相手への敬意を示す表現。

┃ 2. 言葉遣いのポイント

①「です」「ます」をつける

　まずは、「です」「ます」を語尾につけて丁寧語で話しましょう。たとえ認知機能が低下している利用者であっても、子ども扱いをした言葉づかいになってはいけません。すべての利用者に対して同じように接しましょう。

②「～か？」と伺う

　「お着替えをされますか？」「買い物へ出かけませんか？」と語尾に「～か？」をつけると、それを「するか、しないか」は利用者の意思決定にゆだねることになり、尊重した言い方になります。これが**利用者の自立を促す支援**へとつながります。

③クッション言葉を使う

　利用者からの要求を断ったり、逆に利用者に何かをお願いする場合、クッション言葉をはさむと柔らかい印象になり、言いにくいこ

ともうまく伝えられることができます。

「お疲れのところ申し訳ありませんが……」「差し支えなければ
……」「大変に申し上げ難いことですが……」など。

図表 2-7 介護の現場でよく使われる表現例

介護での場面	一般的な表現例
仕事をはじめるとき	今日は何からいたしましょうか？ はじめさせていただきます。
手を添えるとき	お手伝いさせていただきます。 お手伝いしましょうか？
気分や体調を尋ねるとき	ご気分はいかがでしょうか？ お体の具合はいかがですか？
服薬の確認	薬はお飲みになりましたか？ 服薬はおすみですか？
了承の確認	こちらでよろしいでしょうか？ ご希望の内容に添えましたでしょうか？
理解の確認	ご不明な点はございませんでしょうか？ ご了承いただけますでしょうか？
仕事を終えるとき	本日のサービスはこれで終了いたしました。 失礼させていただきます。
自分の所属する事業所	私ども 私どもの事業所
お願いや依頼をする場合	お願いできないでしょうか？ ……していただけますか？
不快にせず断る場合	ご意向（ご希望）に添えず申し訳ありません。 あいにくですが。申し訳ありませんが。
相手の話や話題を さえぎる場合	お話中、誠に失礼ですが。 少々お話は変わりますが。

話をぼかしたいとき	私は、よく存じません。 申し訳ございませんが、事業所に確認してみます。
聞き返すとき	申し訳ございませんが、今おっしゃったこと、聞き漏らしました。もう一度お願いいたします。
お詫びのとき・謝るとき	ご迷惑をおかけしました。申し訳ございませんでした。大変、恐縮しております。

図表 2-8　知っておくと便利なクッション言葉

依頼	恐れ入りますが	謝罪	私どもの力不足で申し訳ございません
	差し支えなければ		申し訳ございません
	ご迷惑をおかけしますが	断り	残念ながら
	お手数ですが		誠に申し上げにくいのですが
	ご面倒ですが		せっかくですが
	お忙しいところ、 お忙しいにもかかわらず		身にあまるお話ですが
	よろしければ		ご期待に添えず誠に申し訳ございませんが
	お時間をいただければ		せっかく〜いただきましたのに
	ご迷惑でなければ	その他	いつもお世話になります
承諾	承知いたしました		失礼ですが
	かしこまりました		ありがとうございます

7 笑顔

第2章4の「身だしなみ・服装」と同様に、表情もその人の印象を決める大きな要因になります。初めにムスッとしたり、無表情で接すると、その後の利用者との信頼関係づくりにおいて、とても苦労をすることになるでしょう。**基本は、笑顔で目を見て話すこと**です。

時間に追われて笑顔を忘れることもあるかもしれませんし、認知症の利用者になかなか話を理解してもらえないと笑顔が強張ってしまうこともあるかもしれません。しかし、細かな表情の変化にも利用者は気づいています。利用者が話しやすいように常に笑顔でいられるように心がけましょう。

表情をつくることもプロの技術です。日頃から鏡に向かって自分の笑顔をつくる練習をしてみてください。

図表 2-9 笑顔のポイント

顔全体が
リラックスしている

顎から
口角を上げる

相手に
目線を向ける

上の歯を
見せるイメージ

目元の力を
緩める

次に、目を合わせて会話をすることも大切です。これを「アイコンタクト」といいます。初めて訪問する際は誰でも緊張をするものです。このときの不安を解消するのが、アイコンタクトです。目を見て話すことでお互いの人となりがわかり、不安が軽減され、コミュニケーションがスムーズにいきます。逆に、目線を合わせないと、その人の考えや気持ちがわかりづらく、不安になってしまいます。

しかし、だからといって長い間目を見つめ続けられると、それはそれで不安（不快）な気持ちにもなってしまいます。人によって感じ方はさまざまですが、一般的には、2〜3秒程度がよいとされています。また、目線の位置は相手の目から胸のあたりにおいておくのが自然とされています。

図表 2-10 目線合わせ

このアイコンタクトは、認知症の利用者のケアにおいても非常に有効とされています。認知症の人は、認知機能の低下で認識できる視野の範囲が狭くなったり、人を認識しづらいことがこれまでの研究でわかっています。そこで重要なのが、**利用者の視覚の正面に入り、目線をしっかり合わせること**です。これを意識的に行うと、スムーズにコミュニケーションが図れるようになり、行動・心理症状が改善するという事例も発表されています。

目線は同じ高さでゆっくり、はっきりと話します

8 訪問時のマナー

　ここまでヘルパーに求められる「身だしなみ・服装」「あいさつ」「言葉づかい」「笑顔」について説明をしてきましたが、利用者の自宅に訪問する上ではこれだけではなく、「訪問時のマナー」も身につける必要があります。

　まずは、初めての訪問時だけでなく、毎回「他人の家に上がる」ということを意識して（p.46参照）、心づかいを忘れないようにしましょう。

1. 訪問前に利用者の情報をインプット

　利用者の自宅に上がる前からマナーは始まっています。訪問前に、どのような利用者に訪問をして、何を目的にどのような介護をするのか、あらかじめインプットをしてから訪問をしましょう。

2. 身だしなみ

　「身だしなみ・服装」については前述したとおりです。「清潔感」と「安全性」を第一に利用者を不快にさせないよう心がけましょう。

3. 訪問時刻の厳守

　ヘルパーの訪問はあらかじめスケジュールが決められています。

社会人として約束した時間は守りましょう。予定よりも10分前に到着したから、早く訪問をしてしまおうとするのはトラブルや苦情にもつながります。予定された時間どおりに訪問をしましょう。

　万が一、アクシデントなどで遅れそうなときは、事業所に連絡をして利用者へ説明をしてもらっておくとよいです。

4. 自転車や車は指定された場所に停める

　利用者の自宅によって、自転車や車を停めておく場所は異なります。利用者や近隣の人の迷惑にならないよう、あらかじめ利用者や家族に指定の場所を確認しておきましょう。

5. インターホン越しのあいさつ

　利用者の自宅に到着をしたら、訪問を告げるため、インターホンを鳴らす場合がよくあります。基本的には「〇〇事業所から参りました。ヘルパーの××です」などと名乗ります。しかし、時には、近所にヘルパーを利用していることを知られたくなく、名乗ってほしくない利用者もいるので、そうした利用者の場合は名前だけ告

げて、入室後に改めてあいさつをするとよいでしょう。

6. あいさつ

　第2章5のとおりです。明るく元気にあいさつをすることを心が
けましょう。

7. コートや靴の脱ぎ方

　入室をする前に玄関先で前
もってコートを脱ぎ、裏返した
（汚れなどを利用者宅に持ち込
まない）状態で入ります。居室
まで持ち込まず、玄関や廊下な
ど妨げにならないような場所に
たたんで置きます。また、雨の日の訪問では、濡れたレインコート
などを入れるためにビニール袋を用意しておくと安心です。

　靴を脱ぐ際には、正面を向いた状態で靴を脱ぎ、背を向けないよ
う少し斜めに体を向けながら、靴のつま先を外に向けて、端に寄せ
て置きます。

8. 荷物の置き場所

　ケアに使う物以外は居室に持ち込まず、玄関や廊下の邪魔になら
ない場所に置きます。部屋に持ち込む場合も、衛生上の観点からテー
ブルやいすには乗せず、床に置くようにしましょう。

9. 手洗い

　外からの菌やウイルスを持ち込まないよう、ケアの前には必ず手洗いをします。指定された場所で石けんなどでしっかりと手を洗ってください。ペーパータオルなど使い捨ての物を使って十分に水分を拭き取ります。

図表 2-11　手洗いの方法

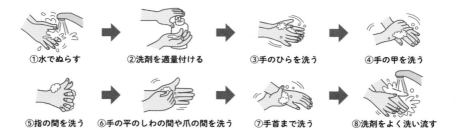

①水でぬらす　②洗剤を適量付ける　③手のひらを洗う　④手の甲を洗う

⑤指の間を洗う　⑥手の平のしわの間や爪の間を洗う　⑦手首まで洗う　⑧洗剤をよく洗い流す

10. ケア内容の説明と同意

　ケア内容を説明することで訪問の目的を利用者に伝えることができます。また、事故や苦情の発生予防にもつながるので、毎回必ずケア内容を説明しましょう。

Column 移動中の事故に注意

　訪問介護は、自転車やバイク、自動車などで訪問しますが、最近は、電動自転車も多くなり、ついついスピードを出しがちです。訪問時間に遅れそうだからといって、スピードを出しすぎないよう、交通ルールをきちんと守って移動をしましょう。

2 仕事と家族が、元気の源。

今の私に合った働き方ができる！

Iさんは、3人の子どもを抱えるシングルマザー。家庭を切り盛りしながら、ヘルパーとして働いています。パワフルで明るいIさんと話すと、元気をもらえると評判の人気ヘルパーさんです！

妊娠中に介護福祉士実務者研修の資格を取得

私は、第1子の出産ギリギリまで、訪問歯科に対応している歯科医院で受付として働いていました。高齢者に笑顔で喜んでもらえることがうれしくて、いつか復職するときには資格を取って介護の仕事をしようと考えていました。

第2子を妊娠中に、上の子を保育園に預けながら平日は毎日学校に通い、半年かけて介護福祉士実務者研修の資格を取りました。第3子が1歳になった頃、介護の仕事を始めようと思い、子どもが小さく、シングルマザーであることを理解してもらえる事業所で働くことを選びました。家庭の都合で急に休むこともあったのですが、「気にしないで休んでね」「お子さん元気になった？」など、いつも温かい声をかけてもらいました。こうした環境で働けることに感謝しています。

フルタイム勤務から、家庭を優先し午前勤務に変更

資格はありましたが学校を出てから1年以上経っていましたし、4

～ 5年ほど専業主婦で社会から離れていたので不安はありました。ですが、自信がつくまで先輩スタッフが同行してくれたので、安心して仕事をスタートできました。仕事を始めたらとても楽しくて、9時から17時までのフルタイムで、月曜から土曜までビッシリと働きました。上の子が小学生になるタイミングで、9時から13時までの午前中のみの勤務に切り替えました。

　私の勤務する会社には、自家用車の利用制度があり、保育園に送ってからそのまま仕事に行けるので、とても楽です。また、雨の日もやっぱり便利。車両持ち込み手当は、ガソリン代に充てています。

子どものママとして、働く女性として輝く

　昨年、念願の介護福祉士の資格を取得できました。実務経験3年で取れるところ、6年もかけてしまいましたが、家庭が落ち着いた私なりのタイミングだったと思います。子どもが勉強の邪魔をしない年齢になったので、家族に相談して勉強時間を確保しました。家族に協力してもらっていることもあって、なんとしても合格したいと必死に頑張りました。

　今後は、一番下の子が4年生になるまでは、今のスタイルで働きたいと考えています。その後は、徐々に勤務日数や時間を増やしていき、バリバリと働いて、子どもとの時間を優先することに理解を示してくれた会社に恩返しをしたいです。そして、仕事を持つ一人の女性としてもずっと輝いていきたいと思っています。

第3章

||||||||||||||||||||||||||||||||||||||||

訪問介護のお仕事

1 ヘルパーの 1 日・1 か月・1 年

1. ヘルパーの 1 日

常勤のヘルパー A さんの1日をみていきましょう。

図表 3-1 ヘルパー A さんの 1 日

時間	行動
7:30 ～ 8:15	幼稚園へ娘を送る
8:45 ～ 9:45	B様宅へ直行。起床介助・デイサービスへの送り出し
9:45 ～ 10:00	移動
10:00 ～ 11:00	C様宅へ。身体介護(買い物同行)を提供
11:00 ～ 11:50	帰宅し、お昼休憩と家事
11:50 ～ 12:00	移動
12:00 ～ 12:30	D様宅へ。身体介護(排泄介助)を提供
12:30 ～ 13:00	移動
13:00 ～ 14:15	E様宅へ。身体介護(服薬介助、おむつ交換、食事介助)、生活援助(調理)を提供
14:15 ～ 15:00	移動
15:00 ～ 16:30	F様宅へ。身体介護(入浴介助)を提供
16:30 ～ 16:40	移動
16:40 ～ 17:00	事業所へ。実施記録の提出
17:00 ～ 17:30	退勤。娘のお迎え
17:30 ～ 18:20	買い物
18:30	帰宅

常勤としてフルタイムで働くヘルパーのAさんは、高校2年（長男）、小学4年（次男）、4歳（長女）の3人の子どもの母親です。

　Aさんの朝は、朝食の準備、時にはお弁当づくりからはじまり、8時15分に4歳の娘を幼稚園まで送ります。

朝の見送り

①娘の見送りから朝の仕事

8：15　娘を幼稚園へ送る

　幼稚園が大好きな娘は今日も元気よく通園します。Aさんがヘルパーの仕事を始めた頃、長男と次男はもう学校に通っていたのですが、娘はまだまだ小さくて、預かり保育のできる幼稚園を利用しながらのスタートでした。

8:45 ～ 9:45　　B様　起床介助をしてデイサービスへ送り出し
10:00 ～ 11:00　C様　買い物同行

　娘を見送った後、独居のB様宅へ移動し、起床介助を行ってから、デイサービスへの送り出しまでを担います。その後、すぐにC様宅へ移動して、買い物同行です。

母親からプロの介護職の顔へ

この後1時間ほど、次のサービスまで時間があるので、この隙間時間を利用して、一度、帰宅し、洗濯や掃除など家事を片付けます。

②**午後からのお仕事**

12:00 〜 12:30　D様　排泄介助

13:00 〜 14:15　E様　服薬介助、おむつ交換、調理、食事介助

15:00 〜 16:30　F様　入浴介助

　午後から立て続けに身体介護の提供で、D様、E様、F様の自宅を訪問して回ります。

　身体介護はきつい仕事ですが、Aさんは、訪問介護の仕事をしていなければ、こうした利用者とも出会えなかったことや、ほんの一時の介護とはいえ、笑顔で感謝されたり、一緒に笑い合える瞬間があることに喜びを感じています。これが、訪問介護のやりがいにつながっています。

16:40　実施記録を届けに事業所へ

　ヘルパー仲間とお茶を飲みながら、雑談。貴重な情報交換の場であり、ほっとできる安らぎの時間でもあります。

事業所へ立ち寄り、ちょっと一息

17:00　預かり保育を利用して娘を迎えに行き、帰りにスーパーに寄って買い物

ここでは、フルタイムでの働き方を紹介していますが、ヘルパーとして働くメリットは、「1日に何件訪問したい」「週に何日働きたい」など自分のライフスタイルに合わせた働き方ができるところにあります。

大好物のお菓子を買ってもらって上機嫌な娘

　また、事業所によって働き方も変わってきます。自分の希望する働き方のできる事業所であるかどうかも大切な視点です。

Column

　Aさんは、介護関係の仕事をしている人にすすめられて、娘が産まれてから介護職員初任者研修の資格を取得しました。ただ、子どもが小さいこともありすぐに仕事を始めるには至らず、また、いろいろな話を聞いていると介護の仕事は大変そうで、自分に務まるのかなという不安から二の足を踏んでいました。

　けれども、悩んでいる時間ももったいないと感じたので、とにかくやってみよう！　と、思い立ったAさんは、その日に応募をして訪問介護の世界に飛び込みました。訪問介護なら、自分のペースで働けるということが大きな決め手でした。

2. ヘルパーの1か月

①1か月の働き方のイメージ

　1か月の流れは、以下のようなイメージとなります（週4日で働く
ヘルパー Bさんの場合）。基本的には、前月に休みの希望などを事
業所に伝え、スケジュール調整をしてもらって、翌月分の訪問スケ
ジュール（シフト）を事業所から受け取ります。

　毎週同じ利用者に訪問をするのが基本的なスケジュールですが、
新しい利用者を紹介されたり、同僚のヘルパーが休みになったとき
のピンチヒッターに入ったりするなど、月の途中にスケジュールの

図表 3-2 ヘルパー B さんの1か月のイメージ

日 Sun	月 Mon	火 Tue	水 Wed	木 Thu	金 Fri	土 Sat
29	30	1 ヘルパーお仕事 新規サービス同行	2	3 ヘルパーお仕事	4 ヘルパーお仕事 新規サービス同行	5
6	7 ヘルパーお仕事	8 ヘルパーお仕事 ケアカンファレンス	9	10 ヘルパーお仕事	11 ヘルパーお仕事	12 子供の学校参観
13 ヘルパー（臨時）	14 ヘルパーお仕事 事務所立ち寄り	15 お休み【有給】	16	17 ヘルパーお仕事 研修会	18 ヘルパーお仕事	19
20	21 ヘルパーお仕事 希望休申請	22 ヘルパーお仕事	23	24 ヘルパーお仕事 新規サービス同行	25 ヘルパーお仕事 給料日♪	26 友人とショッピング
27	28 ヘルパーお仕事 ケアカンファレンス	29 ヘルパーお仕事	30 ヘルパー（臨時） 事務所立ち寄り	31 ヘルパーお仕事	1	2

変更もありえます。サ責やほかのヘルパーなど周りの職員とお互い
に気持ちよく働けるよう、「お互いさま」の精神でカバーし合ってい
けるとよいです。

②訪問以外のお仕事

　新しい利用者宅への訪問時やケア内容が大きく変わる際には、サ
責から事前にケア内容の説明を受けます。利用者の心身状態やケア
の目的・目標などの留意事項をしっかりと理解をしましょう。

　また、初めての利用者宅には、最初から一人で訪問することはな
く、サ責や先輩ヘルパーと同行訪問をし、利用者宅でも引継ぎ等を
行います。

　利用者宅に訪問するだけでなく、利用者へのケア方針などについ
てチームで話し合うケアカンファレンスや、事業所の研修や会議に
参加するのもヘルパーの大事な仕事です。仕事のことで悩んだり、
困ったりしたときは、一人で抱え込まずに訪問の合間や訪問後に事
業所に立ち寄り、管理者やサ責に相談をして意見やアドバイスをも
らいましょう。

3. ヘルパーの1年間

　ここでは、ヘルパーとして働き始めたCさんの1年間をみていきたいと思います。だいぶざっくりとしていますが、大体こんなイメージでとらえてもらえればと思います。

図表 3-3 　入職後の1年のイメージ

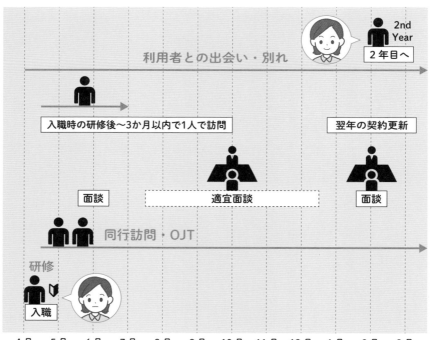

①入職直後

　まずは、入職時に研修を受け、介護職としての基本的な姿勢を学ぶとともに、事業所や企業のサービス提供のルールを理解するとこ

ろから始まります。

② **入職～3か月後**

　初めて訪問介護に携わる人にとって、とても大事な時期です。わからないことや不安に思うことは、そのままにせずにサ責や先輩ヘルパーに積極的に聞くことが大切です。

③ **3～6か月**

　サ責や先輩ヘルパーと同行訪問を繰り返しながら、ヘルパーとして独り立ちをしていく時期です。介護業務以外にも、毎月、事業所で開かれる会議や研修に参加し、組織人としての役割を果たしていくことになります。

　この時期は、定期的に上司やサ責と面談し、その中で自身の成長を確認できると、モチベーションが上がり、仕事を長く続けていくことにつながります。

④ **1年目の終わり～2年目**

2nd
Year

　日々の訪問を繰り返しながら、徐々に対応できるケースの幅を広げていきます。1年経つとたくさんの利用者との出会いや別れがあり、自身の成長を感じ取ることでしょう。なお、ヘルパーは1年間の雇用契約であることが多く、2年目を迎えるにあたり、上司と面談の上、今後、目指すヘルパー像や働き方のイメージを共有し、翌年からの雇用契約を更新します。

第3章

2 ヘルパーの持ち物

ヘルパーの訪問時の必需品から、便利な物まで、表にまとめます。

図表 3-4 ヘルパーの持ち物

①両手があくバッグ（リュックや肩掛け）

屋外で歩行介助をしたり、車いすで病院に付き添うこともあります。いつでも介助ができるよう、身軽にして両手は使える状態にしましょう。

②携帯用のハンドソープ、　手指消毒アルコールスプレー、うがい薬

訪問時や排泄介助、食事介助、調理などさまざまな場面で必要となります。感染症からヘルパー自身を守るためでもありますが、ヘルパーがウイルスを媒介しないように最大限の配慮も欠かせません。

③筆記用具

介護記録や申し送りなどを記入する際に使用します。ほかにも買い物した際のレシートをノートや記録に貼り付けたりする際に、スティックタイプののりがあると便利です。また、調理の際にラップや付せんに日付などを記載する油性ペンも、一本持っておくと困りません。

④記録用紙

介護記録を紙面で保管する場合、利用者宅にストックしておくとともに、手元に数枚予備を持っておくとよいでしょう。また、個人情報が記載されているので、紛失しないよう専用のケースやファイルに入れて持ち歩きましょう。

⑤印鑑

最近は、ペーパーレスが進み印鑑を使う場面も減ってきていますが、介護記録の訂正や事業所で社内手続きをする際などに必要とされる機会もまだまだ多いです。

⑥使い捨て手袋、マスク

ハンドソープなどと同じように、感染症を拡大させないためには
必須です。使い捨て手袋は利用者宅に置いてあることもあります
が、不足時に備え何組かは持っておきましょう。

⑦タオル

清潔なタオルを持ちましょう。ペーパータオルは捨てられるので
衛生的にもよいです。

⑧替えの靴下やスリッパ

時には、衛生的ではない利用者宅に訪問することもあります。

⑨ガウン、アイガード

重度の疥癬やほかの感染症がある利用者へ介護をする際には、事
業所の指示のもとで個人防護具を装着して行います。正しい着脱・
廃棄方法を身につけておきましょう。

⑩裁縫セット

ユニフォームのほつれの補修やボタンの付け直しなどに使います。
利用者の衣服の補修は基本的には利用者宅の物品で対応します。

⑪レインコート

簡易なものを備えておけば突然の雨にも安心です。

⑫絆創膏

調理中に包丁で指を切ってしまったり、自転車で転んでけがをし
たりしたときなど、応急処置に用います。

⑬ゴミ袋

雨天に訪問したときに、濡れた上着やレインコートなどを入れる
ために使います。

⑭スマートフォン

最近は、事業所との連絡やスケジュール管理をアプリでする会社
も増えています。

⑮電子マネー

訪問の合間や休憩するときに持っていると便利です。

3 サービス提供責任者の役割

1. サービス提供責任者とは

　サービス提供責任者とは、「**訪問介護の司令塔**」ともいえる重要な存在です。各事業所に利用者40人につき1人が配置され、利用者のサービスを調整したり、ヘルパーのシフトを組み立てたり非常に多岐にわたる業務を担っています。「**サ責**」とも呼ばれています。

図表 3-5　サービス提供責任者の役割

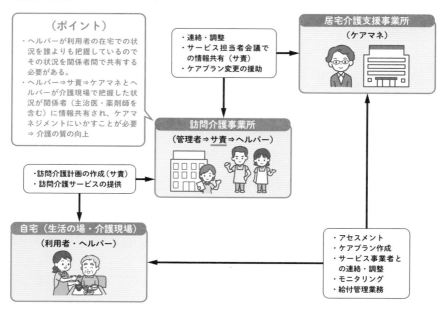

出典　社会保障審議会介護給付費部会　第149回（平成29年11月1日）資料1

2. 資格要件

【サービス提供責任者の資格要件】

- 介護福祉士
- 介護福祉士実務者研修修了者
- 旧介護職員基礎研修課程修了者(※1)
- 旧訪問介護員養成研修１級課程修了者(※2)

※1、2　「旧介護職員基礎研修課程修了者」および「旧訪問介護員養成研修1級課程修了者」は、介護保険法施行規則の一部を改正する省令（平成24年厚生労働省令第25号）による改正前の介護保険法施行規則（平成11年厚生省令第36号）第22条の23第1項に規定する介護職員基礎研修課程または一級課程を修了した者とする。

　利用者の心身状況を把握しながらケア内容を考え、ケアを担うヘルパーの指導育成、業務管理、書類作成など、幅広い専門知識が求められることから、厳格な要件が法律で定められています。

　なお、以前はサービス提供責任者の資格要件に、実務経験3年以上の介護職員初任者研修修了者および旧訪問介護員養成研修2級修了者が含まれていましたが、2019年4月以降は資格要件から除外されました。

3. サ責の業務と役割

　次に、サ責の具体的な業務内容を見てみましょう。サ責の業務は「指定居宅サービス等の事業の人員、設備及び運営に関する基準（平成11年厚労省第37号）」で以下のように定められています。

【サ責の法定業務】
①利用者の日常生活全般の状況及び希望をふまえて、訪問介護の目標、目標を達成するための具体的なサービスの内容等を記載した**訪問介護計画を作成**すること。
②訪問介護の利用の申込みにかかる調整をすること。
③利用者の状態の変化やサービスに関する意向を定期的に把握すること。
④ケアマネジャー等に対し、訪問介護の提供にあたり把握した利用者の服薬状況、口腔機能その他の利用者の心身の状態及び生活の状況にかかる必要な情報の提供を行うこと。
⑤サービス担当者会議への出席等により、ケアマネジャー等と連携を図ること。
⑥ヘルパーに対し、具体的な援助目標及び援助内容を指示するとともに、利用者の状況についての情報を伝達すること。
⑦ヘルパーの業務の実施状況を把握すること。
⑧ヘルパーの能力や希望をふまえた業務管理を実施すること。
⑨ヘルパーに対する研修、技術指導等を実施すること。
⑩その他サービス内容の管理について必要な業務を実施すること。

①訪問介護計画の作成

　ケアマネが作成したケアプランに基づいてサ責は、利用者の日常生活全般の状況及び希望をふまえて、訪問介護の目標、目標を達成するための具体的なサービスの内容等を記載した訪問介護計画を作成します。

図表 3-6　ケアプランと訪問介護計画

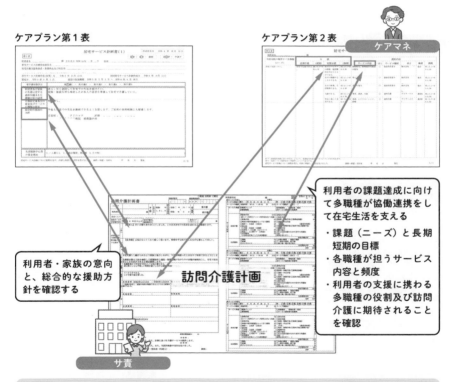

ケアプラン第1表

ケアプラン第2表

ケアマネ

利用者の課題達成に向けて多職種が協働連携をして在宅生活を支える

・課題（ニーズ）と長期短期の目標
・各職種が担うサービス内容と頻度
・利用者の支援に携わる多職種の役割及び訪問介護に期待されることを確認

訪問介護計画

利用者・家族の意向と、総合的な援助方針を確認する

サ責

上記のポイントを確認し、整合性のある訪問介護計画書を作成、交付

②ヘルパーへ指示を出す司令塔として

　訪問介護計画に基づいて、ヘルパーが利用者に対して介護サービスを提供します。ヘルパーへの具体的な援助目標や内容、利用者の状況について情報伝達を行うのもサ責の役割です。ヘルパーから報告された利用者の心身状態や生活の状況をケアマネジャーにも情報提供し、連携を図ります。

　また、サービスを提供したら、やりっぱなしにするのではなく、定期的にそのサービスを評価する必要があります。サービスの提供によって、利用者の状態がどのように変わったのか、サービスに対しどのような意向があるのか、サ責は把握しておかないとなりません。まさに、「訪問介護の司令塔」としての役割を担っています。

① サービス依頼 の受付	・利用者からの直接の依頼やケアマネ等からの利用依頼を受ける ・提供可否を速やかに判断し、初回訪問日を調整する ・すぐに介護が必要な場合は、迅速に対応する

② 利用者の自宅 へ訪問	・サ責が利用者の自宅を訪問し、契約内容の説明と手続きをする ・心身状態や生活状況を把握して、課題を導き出し、利用者と目標達成に向けた適切なサービスの内容を相談する

③ 担当者会議	・利用者の自宅にてケアマネが主催する会議。初回、介護認定更新、状態変化、プラン見直しなどのタイミングで、適宜担当者会議が行われる ・訪問介護だけではなく、医師・看護師の医療職と、通所介護や福祉用具などの介護の専門職チームが互いに連携をし、効果的なプラン・サービス内容を話し合う

④ 訪問介護計画書 の作成・交付	・訪問介護計画書には、利用者の意向やケアプランに基づいた援助目標、スケジュール、サービス内容などが記載されている ・サービス内容を先立って利用者に説明し、同意をもらう ・利用者に交付した訪問介護計画書はケアマネや多職種と共有する

⑤ サービスの提供	・訪問介護計画書に基づき、サービス手順書を作成する ・サービス手順書をもとに、サービスを提供する ・初めて訪問するヘルパーの場合、サ責が同行して引継ぎをする ・サービス提供のつど、ヘルパーから状況報告を受け、多職種と共有をする

⑥ モニタリング	・定期的に利用者・家族に「訪問介護サービスに対する満足度」を伺ってみる ・訪問介護計画書の援助目標達成の状況、計画どおりにサービス提供できたかを評価する ・モニタリングの結果をもとに、サービス見直しの必要性を検討し、ケアマネに報告・提案をする

③その他の役割

　このほかにも、ヘルパーの研修を企画運営したり、利用者の自宅に同行し技術指導を行ったり、事業所の人材育成を担う役割もあります。

　これらのサ責の業務が運営基準に則って滞りなく行われているか管理をするのが、管理者の役割になります。事業所には必ず1名、管理者を配置しなければなりません。

4 訪問介護のお仕事

1. ヘルパーの働き方

　ヘルパーの働き方には、大きく分けて「常勤（正社員・正規職員）」と「それ以外」に分かれます。

　「常勤（正社員・正規職員）」は、訪問介護事業所と直接雇用契約を結び、所定の時間をフルタイムで働く雇用形態です。基本的には事業所に出勤し、そこから利用者の自宅へ伺い、訪問が終われば、また事業所に戻ります。訪問がない時間帯は、事業所で内勤をします。給与体系は月給制のところが多いようです。厚生労働省の「令和3年度介護従事者処遇状況等調査結果」によると、およそ20万〜31万円でした。

　一方で、「常勤以外」の働き方もあり、多くのヘルパーがこの働き方です。代表的なのは、非常勤社員として、毎月働くことのできる日時や地域を事業所に伝え、そこに合致する利用者を紹介してもらい、訪問介護（ホームヘルプサービス）を提供するといったスタイルです。常勤と比べると、働く時間帯や曜日、地域を**自分の生活に合わせた自由な働き方ができます**。フルタイムで働くことや、土日祝日の仕事は難しいという人でも働きやすく、たとえば、子どもがまだ幼く、幼稚園や学校に通っている間だけ仕事をするといった働き

方もできます。

　また、基本的には毎日事業所に出勤する必要はなく、利用者の自宅へ直行し、仕事が終われば直接帰ることができる事業所が多いです。わざわざ事業所に出勤する必要もなく、**自宅の近所で仕事ができるので時間を有効に使えます**。

　一方、給与は不安定です。前述した調査によると、ヘルパーの平均時給は、およそ1660円（月給を実稼働時間で割った金額で算出）で、ほかのアルバイトに比べると高く感じます。しかし、実働分の時給やケア内容に応じた計算で給料が支払われますので、予定していたケアがキャンセルになると、その分の給与は支払われない場合もあります（キャンセル料などが設定されていれば別）。賞与や退職金がない会社も多く、月々の実働分しか給与になりません。

　国も介護人材の確保を重要な課題と考え、2009（平成21）年度以降、介護報酬の改定や処遇改善などで現場のヘルパーや介護職員の給与は向上していますが、その賃金については、他職種・他産業と比べていまだ低い傾向にあります。今後も確実な処遇改善を担保していくための法律や制度については、その動向を注意深く見守っていく必要があります。

　福利厚生面でも、常勤とは大きな差があります。常勤でなくても、一定の条件を満たせば雇用保険や社会保険に加入することは可能ですが、多くのヘルパーの国民健康保険や国

民年金の保険料は自己負担です。

　このように、それぞれのメリットやデメリットがありますので、自身の生活スタイルや人生設計に応じて働き方を考えてみるのがよいでしょう（**図表3-7**）。

図表 3-7　常勤・常勤以外のメリット・デメリット

	常勤	常勤以外
給与	月給制・平均20万〜31万円	時給制・平均1660円、不安定
福利厚生	雇用保険、社会保険、健康保険 会社が一定割合負担	国民健康保険、国民年金 自己負担
働き方	フルタイム・土日も出勤、介護以外の業務あり	自由に選べる、直行直帰

2. 基本的な業務のポイント

　ヘルパーは、介護を要する高齢の利用者の自宅を訪問し、訪問介護計画に沿って介護を提供します。**第1章3**でも述べていますが、着替えや食事、入浴、排泄の介助、体位変換などの「**身体介護**」と、掃除や洗濯、調理、買い物などの「**生活援助**」があります。

①**身体介護**

　「身体介護」は、**図表1-3**（p.11）に定義されていますが、具体的には、入浴・排泄・食事・着替え・服薬・外出の介助や、身体を拭く「清拭」、歯みがきや洗顔・爪切りなどの「身体整容」、ベッド上など

で身体の向きを変える「体位変換」、車いす等に乗り移る「移乗」などがあります。

　身体介護を行う上では、以下のポイントに気をつけて介護をするとよいでしょう。

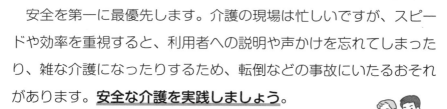

安全を優先する

　安全を第一に最優先します。介護の現場は忙しいですが、スピードや効率を重視すると、利用者への説明や声かけを忘れてしまったり、雑な介護になったりするため、転倒などの事故にいたるおそれがあります。**安全な介護を実践しましょう。**

利用者ができない動作を支援する

　ヘルパーには、「利用者の自立した日常生活を支援する」役割があります。利用者ができる動作までヘルパーが手伝ってしまうと、利用者のできることを奪うことになり、意欲そのものも失ってしまうかもしれません。利用者のできることと難しくなっていることを見極めて、**介助が必要な動作を支援しましょう。**時には利用者の動作を見守ることもヘルパーに求められる大事な役割です。

利用者の意思を尊重する

　「生活の主体は利用者」です。利用者の人格・意思・生活のペースを尊重して介護を行いましょう。

　実際の現場では、忙しく効率を重視するばかりに、利用者への声

かけがおろそかになる場面があります。一見、手際よく介護をしているように見えますが、利用者への配慮が欠けていることも見受けられます。

　介助をする前には、「これから何をするのか（何をしてもらうのか）」を必ず利用者に説明し、利用者が「何をしたいのか（したくないのか）」を確認の上、同意を得ます。 前述の安全とともに利用者との信頼関係はとても大事なことです。

やさしく身体に触れる

　介護を要する利用者は、高齢で身体も弱くなっています。少しの衝撃であざや傷を負ってしまいやすいです。利用者の身体に触れる際には、指先だけで触れるのではなく、手のひら全体を使って触れるなど、面で支えることを意識し、関節など身体の硬い部分に触れるようにしましょう。

　逆に、二の腕や太腿などを指先だけでつかむと、内出血の危険や余計な緊張を利用者に与えてしまいます。緊張すると利用者の身体も強張ってしまい、ヘルパーがさらに力を入れて、強引な介助になってしまうおそれがあります。安全な介助を行うためにも、やさしく触れることはとても大事です。

ヘルパー自身も身体を守る

　介護の仕事を長く続けるためには、<u>ヘルパー自身も身体を守ること</u><u>が大切</u>です。身体に過剰な負担のかかる姿勢で介助をしていると、

腰痛などを引き起こすおそれがあります。身体を守るコツとして「**ボディメカニクス**」という考えがあります。以下の点を意識して介助をしましょう。

> ・「**支持基底面積を広くとる**」　例：両足を開いて身体を安定させる
> ・「**重心を低くする**」　例：膝を曲げて腰を落とす
> ・「**重心を近づける**」　例：利用者の身体になるべく近づく
> ・「てこの原理を応用する」　例：肘を支点にして上体を起こす
> ・「利用者の身体を小さくまとめる」　例：利用者の腕を胸の前に組んで、膝を曲げる

　また、始業前や昼休み明けなどに短時間でよいのでストレッチをしてから仕事に臨みましょう。

②生活援助

　「生活援助」は、**図表1-5**（p.12）のように定められており、具体的には、居室内やトイレ等の清掃とゴミ出し、衣類等の洗濯・物干し・収納やアイロンがけ、シーツ・布団カバーの交換、衣類の整理（入れ替え）、ボタン付け・破れの補修、食事の調理・配下膳・後片付け、日常品等の買い物、薬の受け取りなどがあります。

　ここに示す例は、厚生労働省の定め（老計第10号）を基にしたものです。細かな運用については、市町村によってルールが違います。不明な点は、事業所や市町村の介護保険課に確認してください。

　生活援助は、掃除や洗濯、料理の仕方は利用者の個々の要望に応じた方法で援助を行います。しかし、人によって日常生活への意向や要望は千差万別であり、そのすべてに応じて援助ができるわけで

はありません。

　介護保険における生活援助には、**「利用者本人の自立した日常生活を支援する」という目的があるため、行える援助には制限があります**。「利用者に喜んでもらおうと思って」「家族に頼まれたから」といって、行ってしまってはいけません。初めて訪問介護に携わるヘルパーは、まず援助ができる範囲を知ることが大切です。

　たとえば、利用者の同居家族の分の調理や庭の手入れ、といった行為は、利用者の日常生活に欠かせない家事とは言い難いため、介護保険の対象外となります。また、家事を行える家族が同居している場合には、生活援助は利用することができないことがあります（詳細はp.28 〜 31を参照）。

　ヘルパーが行う援助は、原則、訪問介護計画に基づく内容に限られます。この内容から逸脱することを利用者からお願いされたら、たとえ介護保険でできることであっても、安易に引き受けずに事業所のサ責に相談しましょう。

　また、「生活」とは、一時的なもので終わらず、続けていく必要があります。介護が必要な状態になったとしても、利用者のこれまでの生活をできるかぎり変えることなく、利用者が自分らしく暮らせるように支援していきましょう。利用者が望む場所でこれまでと変わらない生活を安心して続けられるよう、生活環境やリズムなどにも丁寧に配慮することが重要です。利用者が望んでいないのにもかかわらず、介護者の都合でその人のこれまでの生活を断ち切らないようにしないとなりません。

③訪問介護計画書を理解する

　訪問介護計画書とは、訪問介護サービスの提供に関する援助目標・訪問の曜日と時間・内容・提供方法等を記載した計画書を指します。

　訪問介護計画書の作成は、サ責が行います。サ責は、サービス開始前に、訪問介護計画書を用いて利用者にサービス内容を説明し、同意を得ます。

　ヘルパーは、訪問介護計画書の内容をよく理解して仕事をしなければなりません。「担当する利用者が**なぜ、介護サービスを利用する**ようになったのか」「サービス利用を通じて、**どのような生活を送りたい**と思っているのか」「ヘルパーは**どのような目的**で援助を行うのか」「ヘルパーは、どのような援助を**どうやって提供する**べきなのか、その**留意点**は何なのか」など、こういった事柄を理解して利用者を援助することが求められています。

5 サービス提供の範囲

　ヘルパーが訪問する「自宅」とは、利用者が生活拠点としている住まいのことです。高齢者の住まいは、ライフスタイルの変化とともに徐々に変わってきています。長年暮らしてきた持ち家に暮らす人もいれば、何かしらの支援や介護が必要となった際に暮らしやすい設備があったり、サポートが受けられるような住居に移住したりする高齢者も増えています。ヘルパーは、さまざまなスタイルの「自宅」に出向いて介護サービスを行います。ただし、訪問介護サービスの提供には制限があります。訪問介護サービスを提供できる住まいのタイプを理解しておくとともに、自宅に同居家族がいる場合には、生活援助ができる範囲にも制限があるので注意しましょう。

1. 訪問介護サービスを提供できる住まい

　高齢者の住まいとして、これまで生活をしてきた一戸建て、アパートやマンションに加え、有料老人ホームやサービス付き高齢者向け住宅などの高齢者向けの住居があります。

　訪問介護サービスを利用する場合、ヘルパーが訪問できるのは、利用者が生活する一戸建てやアパート、マンションのほか、「住宅型有料老人ホーム」「サービス付き高齢者向け住宅（サ高住）」「ケアハウ

ス」などになります。これらの住まいで介護や支援を必要とする人
は、自分の居室で生活援助や身体介護を受けることができます。

図表 3-8　サービスを提供できる住まい

	分類	利用	内容
有料老人ホーム	健康型	△	自立した高齢者が入居し、要介護になった場合には退去となる
有料老人ホーム	住宅型	○	介護が必要となった場合には、外部の訪問介護サービスを利用できる
有料老人ホーム	介護付き	×	特定施設入居者生活介護の指定を受けた施設で、施設内職員が介護を提供する
サービス付き高齢者向け住宅	一般型	○	外部の訪問介護サービスを利用できる（要介護2まで）
サービス付き高齢者向け住宅	介護型	×	施設内職員が介護を提供する
軽費老人ホーム	一般型	○	併設または外部の訪問介護サービスを利用できる（要介護2まで）
軽費老人ホーム	介護型	×	施設内職員が介護を提供
養護老人ホーム		○	外部の訪問介護サービスを利用できる（要介護度が上がった場合は退去となることも）

2. サービスを提供できる範囲

利用者の自宅で介護サービスをするヘルパーには、できることとできないことがあります（p.28〜31）。生活援助をする場合、本人が利用しない居室の掃除や整備、家族と共有する室内スペースなどの援助はできません。

親切心や、利用者とその家族との関係性を保つために手順書にない範囲まで掃除をするといった勝手な判断での業務をしてはいけません。

もし、判断に困ったり、利用者から何度も頼まれたりした場合は早めにサ責に相談しましょう。

また、一般的に介護保険の生活援助の範囲に含まれないこととして、「直接本人の援助」ではないこと、「日常生活の援助」ではないことなどが挙げられます。簡単に説明すると以下のとおりです。

・同居する家族が主として使用する部屋、トイレや浴室
・同居する家族と利用者が一緒に使用する部屋、トイレや浴室
・利用者本人がふだん使用しない場所

ただし、同居する家族などに障害や疾病があって家事ができない場合や、利用者に何かしらの危険があるような場合には、認められる場合もあります。その場合には、サ責を通じて、ケアマネが各地域の市町村等に問い合わせをした上で、対応について検討することになります。グレーゾーン（介護保険上、サービスを提供してよいか判断の難しい部分）と呼ばれ、地域や利用者の置かれた状態によっ

て差もあるので、くれぐれも自分の家を掃除するような気持ちで勝手な判断をしないよう心に留めておきましょう。

図表 3-9　サービスを提供できる範囲（息子と二人暮らしの例）

本人　　息子

フルタイムで働く息子と二人暮らしの場合

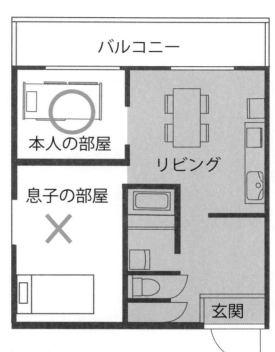

バルコニー

本人の部屋

リビング

息子の部屋

玄関

 **サービス内容や家族、本人の状態によって対応**

Column　自分の家族への訪問介護

Q 自分の家族が訪問介護を受けるときにヘルパーとして自分の家で家事などの生活援助はできますか？

A できません。同じ事業所の別のヘルパーであれば可能です。

6 円滑に仕事をするために

　訪問介護はヘルパーが一人で訪問することが原則のため、時に孤独を感じ、または個人で訪問しているかのような錯覚に陥ります。しかし、ヘルパーは一人で介護サービスを行っているわけではありません。

　サービスを提供する目の前の利用者を支えるために、たくさんの人たちや関係機関が見えない部分でかかわっています。たとえば、ケアマネや医療機関の医師や看護師、リハビリ職はもちろんのこと、各介護施設、介護事業所のヘルパー、地域住民やスーパー・コンビニエンスストアの店員、金融機関や郵便局の職員、配達業者などなど……、利用者が地域で生活していくなかでさまざまな人や機関がかかわっています。訪問するのは一人かもしれませんが、たくさんの人で支えていることを忘れてはいけません。

1. 多職種連携

　在宅ケアの現場において、多職種連携という言葉は定着し、その必要性について広く認識されてきていますが、具体的な実践手法は十分確立し普及されているとは言えない状況です。その最たる理由は、「お互いの専門性に対する無理解」にあると思われます。

また、資格取得の教育段階でも、多職種連携の方法を実際に学ぶ機会がないまま現場に出ている現状があります。そのためどのように「連携」すればよいのか経験値に頼らざるを得ない部分があったことも確かです。

　しかし、昨今、風向きが変わり、医療サイドから介護職の意見が求められる時代へと変わってきています。それはおそらく、「医療モデル」から「生活モデル」へとシフトしてきているからでしょう。

　病院であれば、栄養面が考慮された食事が提供され、薬も定時に配薬されます。そうした24時間看護介護体制が整った状態と比べて、在宅では、生活状況が見えなくなります。その人が、自宅のどんな環境や間取りでどのように過ごしているのか？　食事はどうしているか？　薬はちゃんと飲んでいるのか？　買い物はどこに行っているか？　など自宅での生活状況を把握するためには、日頃から利用者を支えている介護職の情報が頼りです。

　こうした、利用者の生活状況を多職種に報告・相談することが「多職種連携」における介護職の重要な役割といえるでしょう。

2. チームケア

　チームケアとして利用者にかかわる専門職や家族、利用者本人を含めて「ワンチーム」としてかかわっていくことになります。

　疾病だけではなく、生活環境なども複雑なニーズを持った高齢者のケアにおいては、チームが共通の目標を持ち、各専門職によって

多面的なアセスメントがなされ、それらが有機的につながることで最大限の成果を発揮する多職種連携を図ることができるのです。多職種連携が機能していると、利用者と家族の医療的・心理的・社会的ニーズに対応した支援を提供できるようになり、その結果、利用者の健康とQOLの向上、介護者の介護負担の軽減につながります。

　チームケアを行うための第一歩は、所属する事業所のヘルパーやサ責、管理者がチームとして連携していくことでしょう。チームケアとは、1つの目標に向かって、お互いの理解と協力のもとそれぞれの役割と強みを意図的に活用して、支援方針に基づいてケアを行うことです。まずは担当する利用者にはどんな人たちがかかわっているのかを知ることからはじめましょう。

薬剤師　　医師　　歯科医師

訪問看護師　　　利用者　　　臨床心理士

ヘルパー　　ケアマネジャー　　リハビリ職

3. 訪問介護にかかわる専門職

では、連携、チームケアにかかわる専門職をみていきましょう。

介護保険法第2条第2項にも明示されているように、「介護保険の保険給付は医療との連携には十分配慮すること」とされています。多職種連携を行う専門職のことを知ることからはじめましょう。相手の立場を知り、かかわっている専門職の情報を踏まえて利用者の状況を把握することはスキルアップにもつながります。

何か気になることがあった際に連携先の職種を知ることで、サ責への報告方法や介護職としてのスキルも上達していきます。

主にかかわる専門職は以下のとおりです。

◆医師

介護保険を申請する際には、必ず医療機関を受診し医師の意見書が必要となります。たとえば内科には、糖尿病内科、神経内科、心臓内科等と専門の診療科が多くあります。また、通院が困難となった場合でも、自宅に医師が訪問して診察を受けることができる在宅診療が普及してきています。

「往診」は一般的に医師が通院できない患者に対して臨時で利用者の自宅を訪問し診察をします。「訪問診療」は自宅に訪問し診察する専門の医療サービスです。定期的な診察のほか、急変した場合には24時間体制で対応します。

また、ポータブルレントゲンを装備している在宅診療もあり、骨

折の疑いなどの際にわざわざ救急車を要請しなくても自宅で検査を行うことが可能となってきています。

◆歯科医師

　口から水分や食事を摂ることは人の生命線です。歯や義歯の調整を行うことで食事を自分の口から食べるようにすることはもちろんのこと、清潔にすることで肺炎等の予防をします。通院が困難となった場合でも歯科医師が自宅に診療に来る「訪問歯科」が普及しています。

◆薬剤師

　利用者の多くが薬を服用しています。通院後の薬の受け取りも訪問介護の仕事の1つとして、薬局で薬剤師から薬の説明と飲み方等を聞く機会があります。

　薬局から直接、薬剤師が薬を届ける「訪問薬剤師」は、薬を一包化し日付を入れ、お薬カレンダーにセットしたり、飲みにくさがあった場合には形状の変更などを担当医師につなげたりする役割があります。

　薬の飲みはじめや、薬の変更があったこと、食事との食べ合わせなどをヘルパーから薬剤師に報告することで疾病の悪化や薬の副作用の発見につながることがあります。

◆訪問看護師

　訪問介護と一番連携をすることが多いのが訪問看護師です。利用

者の疾病を管理し、心身の状況を把握して自宅で生活していく上でのアドバイスをします。

　また、病院につなげるか迷った際の相談や、疾病にどのようにかかわっていけばよいか、利用者の疾病の予後に対してのケア方法などを指導してもらえます。

　利用者に「訪問看護師さんから何か言われましたか？」と聞き、利用者から情報収集することもヘルパーとして必要なケアとなります。

◆訪問リハビリ

　リハビリの職種は主に3職種あります。

①理学療法士（PT）：身体機能の回復や維持をするスペシャリスト、身体の動きに合わせて訓練をし、福祉用具の選定などのアドバイスも行います。

②作業療法士（OT）：心理面や身体の状態から日常の生活動作の訓練をします。たとえば、調理導線や手先の動かし方など細かな視点でアドバイスを行います。

③言語聴覚士（ST）：話すこと、聴くことなど、脳の機能についての説明や障害を受けた部分の訓練、食べることについてのアドバイスを行います。

◆臨床心理士

　病院に勤務しており、心理状態と脳の器質から認知機能を読み解く専門職です。

7 記録

　介護現場では、職員が記録しなければならない様式は数多くあります。介護記録は、自分たちが提供したケアの証明になります。職員間で統一したケアを提供するためにも記録は大変重要です。

1. 記録の意義

　介護現場では「記録」（介護記録）が重視されています。

　介護を必要とする人に対し、尊厳を保持し、能力に応じ自立した日常生活を営むことができるように支援するためには、欠かせないツールの1つです。

　下記に、記録の意義と目的を3つ挙げます。

①実践を証明するための記録

　特にヘルパーは、利用者の自宅に訪問してサービス提供を行うため、はた目からは実践内容がわかりにくいという特徴があります。記録は、その実践内容を残し、利用者や家族、同じ事業所の職員（ヘルパーやサ責など）、多職種などへ説明するための根拠となるものです。対応方法や相手の反応、実践を通した要点などをすべて記録することで、実践の振り返りや検証に役立ちます。

②利用者の生活・人生の証としての記録

　利用者の言葉、思いや願い、様子が記された記録は、彼らの生活や人生の証でもあります。利用者が終末期を迎えたときや、意思決定能力が低下したときに、これまでの経過や利用者の意思が記された記録は利用者の生活・人生の証であり、これからの人生をどう支えるかの手がかりになります。

③法的義務として整備・保管するための記録

　「指定居宅サービス等の事業の人員、設備及び運営に関する基準」の第19条（サービス提供の記録）では、記録について「具体的なサービスの内容等を記録する」「利用者からの申出があった場合には（中略）その情報を利用者に対して提供しなければならない」とされています。そのほかの各サービスでも同様に、「運営基準」に必要な要件が定められています。

　ヘルパーは、観察から得た情報をキャッチし、それを正確に記録します。それを同僚と共有し、自分や同僚の記録を活用して、利用者の援助を実施します。したがって、記録を作成するときには、同僚が事実を誤認することなく受け取って活用できるよう、簡潔に、明確に記録することが、ヘルパーには求められています。

▌2. 記録の種類

　ヘルパーが活用する記録にはさまざまな種類があります。それらは、①ヘルパーが作成し、活用する記録、②サ責が作成し、ヘルパーが活用する記録、③ケアマネが作成し、ヘルパーが活用する記録、

④そのほか情報共有に活用する記録に分けられます（**図表3-10**）。

図表 3-10 記録の種類

①ヘルパーが作成し、活用する記録	訪問介護実施記録、事故報告記録、チェック表（食事・水分、排泄、バイタルなど）、家族との連絡記録、研修報告記録　など
②サ責が作成し、活用する記録	相談受付票、訪問介護計画書、サービス指示書（手順書）、同行訪問記録、訪問介護サービス実施状況報告書、シフト表、苦情相談記録　など
③ケアマネが作成し、共有される記録	フェイスシート、居宅サービス計画書（第1表、第2表）、週間サービス計画表（第3表）、担当者会議の要点（第4表）　など
④そのほか情報共有に活用する記録	健康診断表、受診記録、申し送り記録　など

　事業所によって扱う記録や、記録の呼び方はさまざまです。それぞれの記録が持っている役割や目的を知り、必要事項を適切に記入して、情報共有に活用することが望まれます。

3. 記録の書き方

　利用者や家族、事業所内外などとの情報共有に活用される記録は、読み手が読みやすく、誤解なく伝わることを意識して、簡潔で明確な記録を心がけます。

①5W1Hの活用

5W1Hを意識して取り入れることで、簡潔で明確な記録を残すことができます（**図表3-11**）。

図表 3-11 5W1H とは

Who	誰が：どのような人、誰が誰に、誰と誰が
When	いつ：〇時〇分ごろ、入浴前、食事中
What	何を：何が起きたか、何をしたか、何をされたか　など
Where	どこで：居室、廊下、トイレ、浴室　など
Why	なぜ：原因、理由
How	どのように：状態、状況　など

たとえば、入浴介助をしていたヘルパーが、利用者Bさんについて次のように記録していました。

【記録】　Bさんは、熱めの湯が好きだ。

「熱めの湯」は、「熱いお風呂」（湯の温度）を指しているのですが、お茶やみそ汁に注ぐ湯のことかもしれません。これがお風呂の湯温だと理解してもらうためには、どのように記せばよいでしょうか。

【記録】　Bさんは、「（風呂は）熱いお湯がいいな」
**　　　　　と言った。**

さらに「熱い湯」が何℃くらいであるかを確認できれば、ほかのヘルパーやサ責と具体的な情報が共有できます。

②文体をそろえる

　文体には、敬体と常体があります。会話や家族との連絡記録には、丁寧で柔らかな印象を与える「敬体」を用い、介護記録では事実を簡潔に明確に伝えやすい「常体」を用います。

図表 3-12 敬体と常体の違い

【敬体】文末に「です、ます」を使う 　　　　会話に適している	（です、ます）
【常体】文末に「だ、である」を使う 　　　　記録に適している	（だ、である）

③客観的事実と主観的事実

　事実には、観察して確認されたありのままの事実を示した「客観的事実」、利用者（本人）に起きたことや、利用者の思い・願いなど本人にしかわからない事実を示した「主観的事実」があります。

【客観的事実】　　2週間お風呂に入っていない。

【主観的事実】　「気持ち悪いから、早くお風呂に入りたい」
　　　　　　　　　「昔からの習慣なので、特に気にならない」

客観的事実と主観的事実はどちらも重要な情報であり、これを分けてとらえることが大切です。特に主観的情報は人によって事実のとらえ方が違い、支援の方向性に影響を与えます。家族との会話で得た利用者本人に関する情報は、利用者本人の主観なのか、家族の主観なのかも聞き分けて記録することで、正確な情報共有につながります。

　また、ヘルパーの感想（「〇〇と思う」）や判断（「〇〇だろう」）は、利用者の状態・状況を正しく伝えることにはならないので、記録では使わないようにします。

④記録するときの留意点

　記録は、ほかの職員に読まれて活用されます。下記の点を意識して、正確で、わかりやすく、読みやすい記録になるよう心がけます。

図表 3-13　記録の留意点

・主語を明確にする	・適切な専門用語や略語を使う
・記憶が確かなうちに記録する	・情報源（利用者本人、家族、記録など）も記録する
・要点を簡潔に記録する	・誤字、脱字に気をつけて記録する
・事実をそのまま記録する	・適宜、句点や読点をつける
・わかりやすい表現で記録する	・手書きの場合は読みやすいよう丁寧に書く
・具体的データや客観的な「数字」を使う	・文字や文章の修正が必要な場合には、二本線を引いて訂正印を押印し、その周囲に訂正内容を記載する

⑤記録に使わないほうがよい言葉

記録には使わないほうがよい言葉があります（**図表3-14**）。それは、利用者や家族が読めば不快な印象を持つもので、ヘルパーの判断が加わった言葉です。判断した言葉ではなく、その言葉を表そうとした事実（出来事、状況など）を具体的に記録します。

図表 3-14 記録に使わないほうがよい言葉とその言い換えの例

記録に使わないほうがよい言葉	言い換えの例
促す	勧める
頻回に、しつこく	何度も
認知	認知症
徘徊	歩き回る、行ったり来たりする
勝手に	自発的に
不穏	落ち着かない
指示が入らない	話が伝わらない、言葉の理解が難しい
拒否	断られる
左脚が骨折している様子	左脚の足首が腫れ、紫色を呈し、痛みの訴えがある。歩行できない状況

■ケア内容に関する「不適切」な記録例

> Cさんを入浴に誘うが拒否。雑談をしたのち再び誘ったが、拒否をされたので、サ責に連絡・相談した。

　この記録では、Cさんが入浴をしない理由がわかりません。「拒否」という言葉を使わずに、理由や状況を加えて書き直すと、次のようになります。

■ケア内容に関する「適切」な記録例

> 私が「Cさん、お風呂ですよ」と声をかけたが、Cさんは「今日は入りません」と言われた。理由を聞いたところ、「寒いから入りたくないの」「それより買ってきてほしいものがあるので頼めない？」ということだった。サ責に相談し、援助内容を変更した。

　理由や状況を加えると、読み手の印象は大きく変わり、ほかのヘルパーやサ責などにも情報を適切に伝えられる記録になります。

　同じように、「特変なし」「変化なし」や、「見守り」「一部介助」の表現にも注意が必要です。何を根拠に「特変なし」「変化なし」と判断したか、何をどのように「見守り」「一部介助」を行ったかの具体的な事実や、背景にある些細な情報も記録します。この情報が蓄積され、検討に活かされることで、利用者へよりよいケアを提供することにつながります。

3 プロダンサーとして活躍するヘルパー。

ダンスと仕事の相乗効果で、楽しく前向きな日々を！

夫と5歳の息子と暮らすSさんは、夫婦でペアを組み、競技会などで活躍するプロのダンサーです。練習や大会で多忙のなか、両立できる仕事としてヘルパーを選び、日々取り組んでいます。

ヘルパーはさまざまなことと両立できる仕事

私は、社交ダンスを大学ではじめ、卒業後に3年間アマチュアで活動してから、プロダンサーになりました。夫がダンスのパートナーです。平日の午前中は子どもを保育園に送り届けた後、夫が働いているダンス教室で一緒に練習。昼食をとって、14時から17時半頃までヘルパーとして働いています。

土日が休みなので、土曜は子どもと遊び、日曜は大会に出ていることが多いです。ダンスと両立できるヘルパーの仕事は、今の私のベストの働き方だと思っています。

私の場合は、ダンスとの両立ですが、仕事との両立、あるいはほかにやりたいこととの両立など、ヘルパーは、さまざまなことと一緒にやれる仕事だと思いますね。

ブランクの不安も充実した研修で解消！

もともと介護の仕事に興味があった私は、福祉系の学部を専攻しま

した。大学卒業後はアマチュアでダンスの活動をしながら、デイサービスに3年勤務しました。その後、出産したこともあり、ダンスとの両立が難しくなって、しばらく介護の仕事から離れることにしました。

　子どもが成長するにつれて、隙間時間なら働けると思い、時間の制限があっても働けて、介護の資格を活かせるヘルパーの仕事に就きました。

　介護職の経験はあったものの、訪問介護は初めてでしたし、ブランクもあったのでとても不安でしたが、研修体制が整った会社だったので、すぐに不安は解消されました。なにより、心配なことがあっても事業所のスタッフに聞けば教えてくれるので、安心して働けます。今はとにかく仕事が楽しいです。

ダンスと仕事。相乗効果で楽しく、前向きに取り組める

　訪問介護の仕事は、一対一で接することができるところが魅力です。しっかり向き合って、利用者の笑顔を見ることができたり、感謝してもらえたりすると、本当にうれしくてやりがいを感じます。

　若い頃に社交ダンスを経験したことのある利用者もいて、その頃の話をしたり、私の大会写真や動画を見てもらったりするなど、ダンスが共通の話題で盛り上がることもあります。利用者から、ダンサーとしての私を励ましてもらったり応援されることも多く、それがダンスと仕事のモチベーションアップにつながっています。今後、子どもやダンスの状況によっては、働ける時間帯が変化することでしょう。そうした際に、そのときどきの自分に合わせた働き方で、これからも長くヘルパーの仕事を続けていきたいです。

第4章

こんなときどうする？
訪問介護 Q&A

1 緊急時（急変時）の対応について

　訪問介護の仕事では、緊急事態(急変など)に遭遇することを想定しておくことが必要となります。

　訪問介護を提供している利用者は、加齢または疾病により日常生活に支援を必要としている人であることが前提です。そのため、あらかじめ「緊急時(急変時)」について準備しておき、迅速に対応できるよう日頃から備えておくことが対策の第一歩です。

Q1　緊急時とはどんなときですか？

回答　たとえば、利用者が事件や事故に巻き込まれた、持病の悪化で倒れた、突然発熱して寝込んでいる、など通常時ではない状況を指します。その緊急度合いに応じて、かかりつけ医との連携、救急車や消防車の手配、あるいは家族への連絡が至急必要となります。

Q2　緊急時に備えるには具体的にどうしたらよいでしょうか？

回答　事業所の電話番号は、必ず自分の携帯電話に登録しておきますが、利用者の電話番号は個人情報ですので、ヘルパーの個人携帯への登録は避けましょう。なお、利用者・家族への連絡が必要な場

合は、たとえ緊急時であっても、必ず事業所を通して行うようにします。備えという意味では、訪問時には充電が十分な携帯電話を忘れずに携帯しましょう。

その上で、緊急事態が発生した場合、どこへ連絡すればよいかは、サ責または管理者にあらかじめ確認しておきます。**図表4-1**のような情報を利用者ごとにまとめておきましょう。

図表 4-1 緊急時に役立つ利用者情報

利用者情報	氏名・住所・電話番号・緊急連絡先
医療情報	かかりつけ医・訪問看護ステーション　等
疾病情報	持病
緊急時の連絡先	自事業所の電話番号またはサ責の電話番号　等

Q3　救急車を呼ぶときはどうしたらよいですか？

回答　救急（消防）車は**119番**です。「**救急ですか？　火事ですか？**」と問われますので、当てはまるほうを答えます。その後、住所について『〇〇区（市）、〇〇町、〇丁目〇番地』を伝えます。マンションや団地の場合は、『建物名、〇号室』まで伝えましょう。

また、利用者のフルネームと電話をしているヘルパー自身の氏名を伝えます。併せて、**図表4-2**の項目に沿って利用者の状態を伝えましょう。

場所	どの場所で事態は起こったか？
状態	どんな状態か？（倒れている、意識がない等）
顔色	顔色はどうか？（白い、赤い、青い等）
呼吸	呼吸の有無や呼吸の仕方等
痛み	痛がっている様子はあるか？ どこが痛そうか？
その他	嘔吐物、排泄物、出血、匂いの有無等

Column　訪問時の応答がないときの状況把握について

　インターホンを鳴らしても応答がなく、鍵が閉まっている場合は、まずは事業所へ一報を入れて指示を仰ぎます。状況を把握する手段としては、室内の様子が見られる場所に移動し、次の点を確認してみましょう。電気はついているか？　テレビはついているか？　カーテンは開いているか？　窓は開いているか？　など。

　それから、ドアポストからのぞけるようであれば呼びかけをし、反応があるか確認してください。このようにして状況がある程度把握できた段階で、改めてサ責や管理者に連絡をしましょう。

Q4　利用者が倒れていた場合、どうしたらよいですか？

回答　まず利用者の名前を呼び、反応を確認しましょう。

　呼吸をしている場合は、事業所に連絡をして対応を確認しましょう。こうした場合は、救急車を呼ぶことになるでしょう。**Q3**を参照してください。

　もし、明らかに利用者の呼吸が止まっている場合には、それ以上、周りのものに触れたり、物を動かしたりせずに外に出ましょう。そして、事業所に連絡した後、救急車を呼ぶか、かかりつけ医に連絡をするか等の判断を待ちましょう。

　亡くなった場合は、ヘルパーが第1発見者として、警察から事情聴取を受けることになりますので、うかつに物に触れたり動かしたりすると、事件性があった場合に疑われることがあります。あくまでも事件性があった場合なので、不必要に怖がる必要はありません。

2 ヘルパーと医療行為について

　法律上、ヘルパーは医療行為（医行為）ができません。

　しかしながら在宅生活において本人または家族が行う医行為は幅広く、ヘルパーにとってはどこまでが支援の範囲となるのか境界線が難しいところです。

Q5　医業とは何ですか？

回答　医師、歯科医師、看護師等の免許を有さない者の医業は禁止です。医業とは、その当該行為を行うにあたり、医師の医学的判断および技術をもってするのでなければ人体に危害を及ぼし、または危害を及ぼす恐れのある行為を、反復継続する意思をもって行うこと、とされています。大前提として、ヘルパーは医行為を行うことはできず、これに違反すると、3年以下の懲役もしくは100万円以下の罰金が課せられます。

Q6　医行為とはどのような行為ですか？

回答　法的な基準は、**Q5**のとおり抽象的に留まるため、ある行為が医行為であるか否かについては、個々の行為の態様に応じ、個別

具体的に判断する、とされています。

　その上で、介護の現場で見られる医行為（ヘルパーには行えない）は次のようなものが挙げられます。

- インスリン注射
- 摘便
- 褥瘡の処置
- 血糖測定
- 点滴管理　など

　また、p.14の**図表1-7**にあるような行為は、医行為ではない行為としてヘルパーも実施可能（条件つきの行為もある）です。介護サービスの事業者等は、事業遂行上、安全にこれらの行為が行われるよう監督することが求められます。

　訪問介護は地域包括ケアを深化・推進する上で、要となるサービスです。超高齢社会といわれる日本において、医療と介護、両方のニーズが増加しています。

　医療行為を直接行うことはもちろんできませんが、直接支援の専門職として、ヘルパーにも医療の知識向上が求められます。医師・看護師のほか、薬剤師、栄養士などとも連携し、いちばん身近な存在として、利用者の「安心した暮らし」を支える視点が重要です。

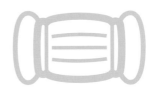

3 ? 感染予防・感染対策について

　サービス提供事業者は、災害時や感染症蔓延時における業務継続計画（BCP）を作成し、災害発生時や感染症蔓延時に、要介護状態にある高齢者や障害者に対してできる限りサービスを継続し、その生活の維持向上に努める必要があります。

　そのため、独居高齢者をはじめとした生活支援において、平常時から感染予防・感染対策を実施することはとても重要であり、この感染予防の基本となるのがスタンダードプリコーションの遵守です。

Q7　スタンダードプリコーションとは何ですか？

回答　**標準予防策**といわれ、最も重要で基本的な取り組みのことを指します。感染症の有無にかかわらず、あらゆる利用者に対して普遍的に適用される予防策です。

Q8　具体的にどのような取り組みですか？

回答　「汗を除くすべての血液、体液、分泌物、排泄物、損傷のある皮膚・粘膜は感染性病原体を含む可能性がある」という原則に基

づき、手指衛生の徹底や個人防護具（マスクやガウン等）の着用によって感染リスクを減少させる予防策を行います（**図表4-3**）。

図表 4-3　スタンダードプリコーションの 10 項目

1	手指衛生	
2	個人防護具（PPE）　手袋、ガウン、マスク、ゴーグル、フェイスシールド等	
3	患者配置	
4	患者ケア器材・器具・機器の取り扱い	
5	環境の維持管理	
6	リネンの取り扱い	
7	労働者の安全（鋭利器材の取り扱い）	
8	呼吸器衛生／咳エチケット	
9	安全な注射手技	
10	特別な腰椎穿刺手技のための感染制御策	

※医療・介護現場に求められるスタンダードプリコーションのため、介護では不要なものも含まれる

Q9　新型コロナウイルス感染症にかかったら、どのくらいの期間外出を控えればよいのでしょうか？

回答　5日間は外出を控えましょう。5日目に症状が続いていた場合は、熱が下がり、痰や喉の痛みなどの症状が軽快して、24時間程度が経過するまでは、外出を控えることが推奨されています。

　また、10日間が経過するまでは、ウイルス排出の可能性があることから、不織布マスクを着用したり、高齢者等ハイリスク者と接触は控える等、周りの人へうつさないように配慮しましょう。

Q10　新型コロナウイルス以外にもヘルパーとして注意すべき感染症がありますか？

回答　「季節性インフルエンザ」「ノロウイルス」「ヒゼンダニ（疥癬虫）」「食中毒の原因や細菌感染」など、ふだんのサービス提供でも注意すべき感染症等があります。

　定期的なマニュアルの見直し、情報共有、研修、訓練（シミュレーション）が必要です。

Column 新型コロナウイルスへの対応について

　2023（令和5）年5月8日以降、新型コロナウイルスは5類感染症となり、新型コロナウイルス感染者は、法律に基づく外出自粛を求められません。外出を控えるかどうかは、個人の判断に委ねられます。しかしながら、各医療機関や高齢者施設等においては、まだまだ新型コロナウイルスに罹患した従事者の就業制限を考慮する必要があります。また、感染が大きく拡大している場合には、一時的により強いお願いを行うことがある旨が厚生労働省の通知で出ています。

図表 4-4　外出自粛について

	感染症法に基づき外出自粛が求められる期間	令和5年5月8日〜（個人の判断）外出を控えることが推奨される期間
新型コロナウイルス（有症状）	発症後7日間経過するまで（発症日を0日とする）	発症後5日間経過するまで
	かつ、熱が下がり痰や喉の痛みなどの症状が軽快し24時間経過するまでの間	
新型コロナウイルス（無症状）	・5日目の抗原定性検査キットによる陰性確認 ・検査を行わない場合は7日間経過するまで	検査採取日を発症日（0日）として、5日間経過するまで
濃厚接触者	・5日間の外出自粛 ・2日間にわたる抗原定性検査キットによる陰性確認で3日間の外出自粛	なし

4 災害対策と BCP

　災害対策に関して、実際に東日本大震災の際には、現場では対策マニュアルが十分に整備されていなかったり、これまでの経験では対応できなかったりとかなりの混乱がありました。また、ここ数年、大きな災害が立て続けに起きています。いざというときに、自身と利用者の安全を守れるように日頃からの備えをしっかりとしておきましょう。ここでは、まず、事業所が取り組んでいる災害対策を紹介します（**図表4-5**）。

図表 4-5 事業所で行う災害対策

災害対策マニュアルや業務継続計画の策定	法人全体に周知する方針やマニュアルと各事業所個別の計画を策定します。 事業所では、平時からの対応としてハザードマップの確認、建物設備の安全対策、電気水道が停止した場合の対応、災害備蓄品の準備と補充などを取り決めます。
災害対策研修	入職時のオリエンテーションと毎年定期的な研修を実施しています。方針、マニュアルの周知や、災害時にとるべき基本行動の理解などに関する研修です。
災害避難訓練、安否確認訓練	自身の安否を事業所に報告する訓練や実際の天災を想定した行動の訓練などを毎年定期的に実施します。

Q11 「BCP」とは何ですか？

回答　BCPとは、「自然災害」や「感染症」等が発生しても介護サービスを提供し続けるための計画のことです。業務継続計画（Business Continuity Plan）の英語の頭文字をとってBCPと呼んでいます。

　BCPは自然災害と感染症、それぞれについて各事業所で策定が求められています。平時からの備蓄や災害直後の身の安全の確保などのような行動計画を定めたものがBCPです。2024年より訪問介護では本格的に取り組みが始まります。

Q12　ケア中に地震に見舞われたら、どうすればよいですか？

回答　まずは、自分の身の安全を確保しましょう。災害直後の行動基準の大前提は、ヘルパー自身の身の安全を確保することです。自分が無事であってこそ利用者を助けることができます。

　その後、どう動くかはマニュアル並びに、サ責や管理者に連絡の上、従ってください。

Q13　災害に備えて準備しておくとよいものはありますか？

回答　意識の高いヘルパーは災害に備えて**図表4-6**（p.132）の内容を携行しています。参考にしてみてください。

・自分の家族や職場の連絡先を書いた手帳やカード	・ハザードマップ
・モバイルバッテリー	・簡易トイレ
・水、飴、チョコレート、ナッツ、羊羹、魚肉ソーセージ	・大きなゴミ袋 45L 70L
・常備薬、眼鏡（コンタクトレンズ）、絆創膏	・厚手の靴下（上履き）
・現金	・レジャーシート
・懐中電灯、笛	・保険証の写し
・除菌グッズ、マスク、手袋	・ミニ工具セット

【自然災害発生時】

　ヘルパーはまずは自分の身を守ることを優先とし、被害状況を事業所に知らせます。そして事業所は、安否確認の作業や被害状況の確認を行います。事業所においても参集できたメンバーで緊急時の

体制を決定し優先度の高い利用者からサービスを提供し、利用者の生活を援助します。サービスを停止したり、一部縮小することもあります。

【感染症発生時】

　利用者や他の職員への感染を最小限にとどめるため、初期の対応は大事です。初期対応のポイントは、発生の報告を正しくかつ素早く行うことです。あらかじめ報告する相手、報告の手段、報告すべき内容を整理しておきます。

　事業所は、利用者と職員の健康状態を把握しつつ、消毒・衛生作業を行い、感染拡大状況を確認します。

　感染症が拡大している場合には、サービスの縮小や一時停止などを検討する必要も出てきます。事業所においてサービス提供ができるメンバーで体制を整え、総合的な判断のもと優先度の高い利用者からサービスを提供していき、事業の継続に努めていきます。

　こうした有事には、事業所の指示に基づく組織的な対応が求められるため、ヘルパーも所属する事業所がどのようなBCPを策定しているのかしっかりと理解をしておきましょう。

5 ? 虐待について

　介護保険制度の活用が進む一方、さまざまな介護における問題もあらわれてきています。中でも深刻な社会問題となっているのが「高齢者虐待」です。

　高齢者の権利擁護や虐待の早期発見・対応の施策を整備することを目的とした「高齢者虐待防止法」が2006（平成18）年に制定されました。「高齢者虐待」について基本的な知識を身につけて正しく対応できるようになりましょう。

Q14　利用者が家族から「早く死んでくれ！」と怒鳴られているのを聞いてしまいました。これは報告したほうがよいのでしょうか？

回答　利用者の自宅に伺いサービス提供するヘルパーは、利用者のほかに家族と接する機会も多く、虐待を発見しやすい立場にあります。「これって『虐待』かな？」と疑いをもったら、些細なことでも構いませんので、事業所の責任者に報告をしましょう。

Q15　虐待とは、どんなものでしょうか？

回答　「虐待」と判断するのは行政ですが、どのようなことが「虐待」

に当たるのか、ヘルパーは基本的な知識を押さえておきましょう。

虐待の種類は5つあります（**図表4-7**）。

図表 4-7　虐待の種類

虐待の種類	行為の例
身体的虐待	たたく、つねる、殴る、蹴る、ベッドに縛り付ける、部屋から出さないように閉じ込める、意図的に薬を多く与えたりする　など
介護・世話の放棄、放任（ネグレクト）	水分や食事を十分に与えない、髪や手足がひどく汚れている、必要な医療や介護のサービスを利用させない、ごみが散乱しているなど、不衛生な住環境で生活させる　など
心理的虐待	怒鳴る、ののしる、悪口を言う、子どものように扱う、話しかけられても意図的に無視する　など
性的虐待	排泄の失敗に対して懲罰的に人前でオムツを替えたり、下半身を裸にしたまま放っておいたりする、性的行為を強要する　など
経済的虐待	日常生活に必要な金銭を渡さない・使わせない、本人に無断で自宅を売却したり年金や預貯金を使ったりする　など

Column 高齢者虐待について

　高齢者の基本的人権を侵害・蹂躙し、心や体に深い傷を負わせる行為をいいます。「高齢者が他者からの不適切な扱いにより権利利益を侵害される状態や生命、健康、生活が損なわれるような状態に置かれること」と広くとらえられています。高齢者の尊厳を侵す深刻な問題ですが、特定の家庭や施設で起こるものではなく、どの家庭や施設でも起こり得る身近な問題です。

Q16　虐待に気づくにはどうすればよいでしょうか？

回答　ヘルパーの気づきが重要です。虐待を早期発見し、そのサインに気づくポイントをまとめます。

①**早期発見のために日頃から気をつけること**

☐ 話しやすい信頼関係づくり

☐ 言葉以外の表情や声の調子を観察

☐ 暮らしぶりや環境を観察

②**虐待の可能性とサイン**

《利用者からのサイン》

☐ 不自然な傷やアザがある

☐ わずかなことにおびえやすい

☐ 冷蔵庫に食材が入っていない
　　手の届かないところに食事がおいてある

☐ 必要な薬が切れたまま放置されている

☐ 利用者の部屋だけが散乱していて不衛生、異臭が漂う

☐ 「年金を取り上げられた」「預金がなくなった」と利用者が訴え、
　　預金通帳などがない

☐ 着の身着のままの状態が続いたり、介護サービス利用料や生
　　活費の滞納が続く

《介護者や地域からのサイン》

☐ 利用者に対する態度が冷淡、支配的、攻撃的にみえる

☐ 「早く死んでしまえ」など否定的な発言がある

□ 利用者とコミュニケーションをとらない

□ 家の中から、家族の怒鳴り声や、利用者の悲鳴が聞こえる

□ 昼間も窓が閉まっている、最近姿を見かけなくなった

□ 家族が福祉・保健・介護関係者の担当者を避ける

Q17　虐待だと思うのですが、報告しづらいです。

回答　ヘルパーが虐待のサインに気づいたときは、利用者・家族の思いがあることをふまえて対応しましょう。

　思いをふまえた対応とは、以下のようなものです。

- 受容、傾聴のコミュニケーションを心がける
- 客観的で具体的な情報収集や観察を行う
- 自分の価値観や思い込みで対応しない
- 問い詰めない、批判や否定をしない、説得しない、大騒ぎしない

　虐待に至る要因は一つではなく、利用者や家族の思いを考え、細心の注意を払って対応をしないとなりません。だからこそ、利用者や家族との日々のコミュニケーションを大事にして、小さな変化も見逃さずに事業所のスタッフとともに共有してください。

　利用者の安心・安全な生活を支えるために、ヘルパーは専門職の視点で観察を行い、そこで得たどんな些細な気づきでも速やかに報告することが必要です。

6 利用者からの ハラスメント

訪問介護の現場では、利用者からのハラスメントも問題となっています。

Q18　性的な発言や威圧的な言動がある場合、ヘルパーとして、サービス提供責任者としてどのように対応したらよいでしょうか？

回答　地域ケア会議の開催を要請するなど、個人ではなく事業所として解決を図る必要があります。

　利用者によっては、「ハラスメント」という意識がないことも考えられます。介護保険の理念なども共有し、地域全体での解決を図っていく必要があります。解決するポイントを**図表4-8**にまとめます。

図表 4-8　ハラスメントの解決に向けて

①事業所内で解決できる部分がないか検討する 　同性介護が可能かを確認し、自事業所または同性介護が可能な他事業所を探し、提案する
②関係する機関で幅広く共有できるようはたらきかける 　（地域ケア会議の開催要請）
③ハラスメントをしているという認識をもってもらう 　ハラスメントによってヘルパーが傷つく心象を理解してもらう 　その上で、サービス継続のためにお互いに気をつけることを話し合う

Q19　ほかにどのようなハラスメントが想定されますか？

回答　訪問時間に少し遅れるなどの当方のミスが原因でハラスメントにつながるケースが想定されます。

このようなハラスメントは、契約時の説明不足または苦情処理が適切でない場合に発生します。こうした場合の解決ポイントを**図表4-9**にまとめます。

図表 4-9 ハラスメントの解決ポイント

①重要事項説明の際に、交通事情等もあり到着が多少前後する可能性があることを説明する
②急ぐことで事故につながる可能性もあるため、余裕のあるシフト調整を行う
③どうしても定刻に訪問する必要がある利用者情報等は広く共有する
④バーンアウト尺度などを定期的に活用し、職員の状況について確認する（ヘルパー個人の使命感に頼った事業運営を行っていないか、の確認）
⑤遅れそうな際には早めに連絡してもらうなどの事前の取り決めを行う
⑥定期ハラスメントチェックシートなどを活用して未然に防止する

ハラスメントチェックシートについてはp.140を参照。

ハラスメントチェックシートを定期的に配布して（はい・いいえ・わからない）などで回答してもらい、対策を検討します。

図表 4-10 ハラスメントチェックシート例

環境面でハラスメントのきっかけや原因になる事柄を訪問の度に確認していますか。

> 例：ケアを行う場所の状況（閉めきりや近隣に住宅等がないといった助けを求めても声が届きにくい、鍵がかかる等）、身近にある物品（目につくように（意識的に）アダルトビデオが置いてある等）　等

サービス提供責任者から、訪問する利用者について、事前に生活歴や服薬状況等、最新情報の提供を受けていますか。

> 例：攻撃的な言動がある、訪問時に酒に酔っていることがある、アルコール依存症　等

サービス提供責任者から、定期的にケアプランや訪問介護計画書の情報提供を受けていますか。

> 例：チーム会議や申し送り時にケアプランの目標を確認する、サービス提供範囲を訪問介護計画書で確認する　等

ケアプラン上の長期目標・短期目標を意識して、サービスの提供と記録を行っていますか。

> 解説：目標とは関係のない個人的な感想を記録に残すことで、利用者や家族に不快に思われる可能性がある

利用者やその家族からの要望や意見など、細かいことでもサービス提供責任者へ報告していますか。

> 例：サービスへの過度な期待、提供範囲外の依頼、ついでや一度限りの依頼等も含めた要望、意見

基本的なマナーやルールが守れていますか。

> 例：予定時間に訪問する、遅れる際は事前に連絡する、適切な言葉づかいをする　等

サービスの提供にあたり、服装や身だしなみは適したものになっていますか。

> 例：所属事業所から貸与された服を着用する、着崩さずに着用する、ケアの妨げになるアクセサリーは身に付けない　等

サービスの提供とは関係ない個人情報の提供を、利用者やその家族等から求められても断っていますか。

> 例：自分やほかのヘルパーの電話番号や住所等を不用意に伝える、ほかの利用者の話をする　等

利用者やその家族等からハラスメントを受けたと少しでも感じた場合に、すぐに所長やサービス提供責任者に報告・相談ができていますか。

利用者やその家族等からハラスメントを受けたと少しでも感じた場合に、所長やサービス提供責任者はきちんとあなたの報告・相談に傾聴し、内容に応じた十分な対応をしてくれていますか。

当事業所は利用者の在宅生活を支える上で働きやすい職場環境となっていますか。

> 例：立場に関係なく職員同士が話しやすい、提案しやすい職場である　等

出典：熊本市社会福祉事業団中央ヘルパー事業所作成

7 ヒヤリハット について

　ヒヤリハットとは、介護現場における「ヒヤリ」とすること、「ハット」することを指します。1件の重大事故の背景には、29件の軽微な事故、300件の「ヒヤリ」や「ハット」があると言われています(ハインリッヒの法則)。

　ヒヤリハット報告では、現場のヒヤリハットを集め、事前の対策と危険の認識を深めることで、重大な事故を未然に防ぐ効果があります。特に訪問介護の現場では、一人で訪問することが多いため、事前の情報共有により事故防止に努めることが重要です。

Q20　報告がなかなか来ません。何かよい方法はありますか?

回答　ヒヤリハットに限らず、「グッド」なことも報告してもらうようにすればよいでしょう。よい気づきを共有することで、よりよいサービスにつながる可能性がありますし、報告しやすいかもしれません。たとえば認知症のある利用者さんに野球の話をしたら、とても笑顔で話された……など、普段の取り組みで「よかった」ことを報告してもらいましょう。ヒヤリハット報告をマイナスにとらえている人も少なくありません。マイナスイメージを払拭して、なんでも報告してもらえる環境づくりが重要です。

Q21　洗い物をしていたら茶碗を割ってしまいました。利用者は「弁償の必要はない」と言っています。ヒヤリハット報告でよいですか？

回答　弁償の有無にかかわらず、事故報告をします（ヒヤリハット報告ではありません）。

破損については、弁償金額の大小にかかわらず報告が必要です。

事業所が加入している損害賠償保険の手続きにより賠償を行います。

通常は全額賠償されるケースが多いですが、その名前のとおり、損害賠償保険ですので、過失の割合や物の鑑定（経年使用状況）などにより賠償できる金額が変わりますので、安易に「弁償します」と話すのも不適切です。対応は管理者に任せたほうが安心です。

Q22　利用者にけがをさせてしまった場合はどうすればよいですか？

回答　もちろん報告は必要ですが、まずは緊急対応を行います。必要であれば救急車の手配など迅速に行動する必要があります。普段から救命講習や緊急時の対応研修などを受講して備えることが求められます。

また、利用者のヘルパー訪問中のけがなどはヘルパーの過失に関

係なく事業所から保険者(行政)への報告が必要です。たとえば、訪問中に別室で利用者が一人で転倒して、病院を受診することになった、なども報告対象となります。報告を怠ると事業の指定取り消しになる場合がありますので注意が必要です。

Q23　勤務中にヘルパーがけがをした場合はどうなりますか?

回答　訪問中や移動中のけがや事故は「労働災害」となります。

　こちらも報告を行います。治療が最優先ですので、必ずしも報告をしてから病院に行く必要はありませんが、連絡ができる状況であれば報告をしてから受診をしましょう。基本的に勤務中のけがは「労働災害」ですが、指示書にない行為を行った結果、けがをした場合などは労災認定されないこともありますので注意しましょう。

　いずれの場合でも、普段からのヒヤリハット報告の共有等で防止できることがたくさんあります。報告・連絡・相談の一環として、ヒヤリハット報告を積極的に行いましょう。

Column ホウレンソウ

　報告・連絡・相談（ホウレンソウ）は、仕事をする上で基本的に備えて
おくべきものです。訪問介護はヘルパーが一人で訪問しているため、「ホ
ウレンソウ」がすべてとなります。記録で報告することはもちろん、サ
責に連絡し、疑問に思ったことは、そのつど相談しましょう。また、ホ
ウレンソウだけではなく「確認」も必要です。誰でも勘違いがありますし、
疑問に思ったら確認をしましょう。仕事のできるヘルパーは何事も「確
認上手」です。

　報告は詳細やエピソード、利用者が何と言っていたのか具体的な内容
だとわかりやすいでしょう。

　連絡はさまざまなツールを利用しましょう。文章で残しておくことで
記録にもなり、メール等を活用するとサ責は助かります。ヘルパーから
の報告・連絡・相談は多職種連携でケアを行っていく上で重要な意見と
なります。

訪問介護はホウ・レン・ソウがすべて

報告	・「過去」の出来事を事実に沿って報告する
連絡	・「現在」起こっていることを連絡し、情報を共有する
相談	・「未来」に向けて起こるであろう変化や問題について相談する

4 音楽家が60歳でヘルパーデビュー。

新たな出会いに感謝！

60歳にしてヘルパーデビューを果たしたKさんの本業は、音楽家です。音楽活動と並行して、ヘルパーの仕事にも意欲的に取り組み、親世代にあたる利用者と音楽談義に花を咲かせることも！

介護が必要になる未来を見据え、資格を取得

　私は、オペラ歌手を軸に、音楽の教員や合唱団の指導など、音楽の仕事をしていましたが、コロナ禍で活動が少なくなってしまいました。一方で、両親が80代後半になり、そう遠くない未来に介護が必要になるだろうと考えるようになりました。それならば、時間がある今こそ介護について勉強するよい機会だと思い、有料老人ホームで用務として働き始めました。そこで初めて介護職員の仕事を目の当たりにして、「これは素晴らしい仕事だ」と思い、自分も学校に通って介護職員初任者研修の資格を取りました。

　働く場所を探していたところ、今の事業所と出会い、60歳で介護ヘルパーとしてデビューしました。主に生活援助をしています。

親世代の利用者への恩返しとして

　利用者は、私の親と同じ世代です。この世代の人たちが日本の高度成長期を支えていたおかげで、私は不自由なく音楽の勉強をすること

ができました。私にとっては恩人ともいえる世代の人たちが、引退して自分らしい人生を過ごしている時間に自分もかかわれるなんて……とてもありがたいことです。

　私自身もそうなのですが、実の親子だとなかなか素直にホンネを話すことができなかったりもします。でも、ヘルパーとしてなら、それぞれ親の世代、子の世代の率直な気持ちをお互いに話すことができます。利用者を通して親の気持ちを知ることもあり、たくさんのことを学ばせてもらっています。

人と出会うことが好きな自分に、ピッタリの仕事

　コロナ禍から徐々に日常生活が戻ってきて、音楽の仕事も戻りつつありますが、これからもヘルパーとして働き続けたいです。この年になってから知らない世界を学んでいく楽しさがありますし、もともと人と会って話をすることが大好きな私の性に合っています。

　利用者の世代は、昭和40年代にヨーロッパの歌劇団が来日してオペラブームがあったので、クラシックやオペラを好きな人が多いです。私が行くときにはクラシックをかけて待っている利用者もいて、音楽の話で盛り上がります。「こんなところで、こんな深い話をすることができるとは！」と驚くほど詳しい利用者もいますよ。これからもヘルパーとして働き続けることで、どんな出会いが待っているのか楽しみです。

第5章

利用者に
伝えておくべきこと

1 訪問介護の利用に際して

　本章では、訪問介護(ホームヘルプサービス)を利用する利用者に説明すべき内容をまとめました。これまで解説してきた内容と重複する部分もありますが、それぞれの事業所でのルールなどもふまえて、サービスを提供するにあたり、利用者への説明資料を作成する際の参考にしてください。

1. 訪問介護の説明

　訪問介護は、40歳以上の国民が支払っている介護保険料と税金をもとに運営している公的な福祉サービスです。利用者が**可能な限り自宅で自立した日常生活を送る**ことができるよう、ヘルパーが利用者の自宅を訪問し、食事・排泄・入浴などの介護(身体介護)や、掃除・洗濯・買い物・調理などの生活の支援(生活援助)をサービスとして提供します。

　自宅でサービス提供する以外にも、「通院等乗降介助」といって、利用者の通院等のため、車両への乗車・降車の介助を行うとともに、乗車前・降車後の屋内外における移動等の介助、受診等の手続等の介助を行うサービスもあります。

資料1 訪問介護の類型

「訪問介護」は、その行為の内容に応じ、次の3類型に区分されます。

①**身体介護**

　利用者の身体に直接接触して行われるサービス等（例：入浴介助、排泄介助、食事介助等）です。

②**生活援助**

　身体介護以外で、利用者が日常生活を営むことを支援するサービス（例：調理、洗濯、掃除等）です。

③**通院等乗降介助**

　通院等のための乗車又は降車の介助（乗車前・降車後の移動介助等の一連のサービス行為を含む）を行います。

資料2 訪問介護員の資格

訪問介護員は、介護福祉士等の有資格者でなければなりません。

- **介護福祉士**
- **介護福祉士実務者研修修了者**
- **介護職員初任者研修修了者**
- **生活援助従事者研修修了者**
- 旧ヘルパー1級（基礎研修）修了者
- 旧ヘルパー2級修了者
- 旧介護職員基礎研修修了者

このほかに、都道府県や各保険者が実施する研修修了者が従事できる場合があります。

2. 適正なサービス提供の説明

　ヘルパーは、身体介護や生活援助、相談・助言などを、利用者の自宅へ訪問して、一体的に提供します。

　サービス提供にあたっては、介護保険法、政令、省令(基準)、市町村の条例等による**一定のルールに従って、適正なサービス提供を行う必要**があります。

　身体介護は食事や排泄、入浴などの介助であるため、比較的わかりやすいのですが、生活援助には、その範囲に含まれず、サービスとして認められない行為があり、そうした内容をふまえて、適正な利用と提供が求められます。

資料3 生活援助の範囲

生活援助については、老計第10号^{注1}で以下のように示されています。

生活援助の内容に含まれない行為

1. 商品の販売や農作業等生業の援助的な行為

2. 直接本人の日常生活の援助に属しないと判断される行為

また、老振第76号^{注2}において、一般的に、直接本人の日常生活の援助に属しないと判断される行為に該当するものとして、

A　**直接本人の援助に該当しない行為**

　　主として家族の利便に供する行為または家族が行うことが適切であると判断される行為

　　a **利用者以外のもの**にかかる洗濯・調理・買い物・布団干し

---

b 主として**利用者が使用する居室等以外**の掃除

　　　　c 来客の応接

　　　　d 自家用車の洗車・清掃　　等

　B　日常生活の援助に該当しない行為

1.　**訪問介護員が行わなくても日常生活を営むのに支障が生じないと判断される行為**

　　　　a 草むしり

　　　　b 花木の水やり

　　　　c 犬の散歩等ペットの世話　　等

2.　**日常的に行われる家事の範囲を超える行為**

　　　　a 家具・電気製品の移動、修繕、模様替え

　　　　b 大掃除、窓のガラスみがき、床のワックスがけ

　　　　c 室内外家屋の修理、ペンキ塗り

　　　　d 植木の剪定等の園芸

　　　　e 正月、節句等のために特別な手間をかけて行う調理　　等

これらが示されました。

用語解説

....

注1 老計第10号：平成12年3月17日老計第10号厚生省老人保健福祉局老人福祉計画課長通知（訪問介護におけるサービス行為ごとの区分等について）のこと。

注2 老振第76号：平成12年11月16日老振第76号厚生省老健局振興課長通知（指定訪問介護事業所の事業運営の取扱等について）のこと。

3. 介護保険のサービスとしてできないこと

　先述したとおり、直接本人の援助に該当しない行為および日常的に行われる家事の範囲を超える行為はできません。

　介護保険制度上、原則として介護保険を申請し、訪問介護事業所と契約した利用者のみがサービスを利用できます。

　利用者以外の家族へのサービスは制度上、不適切とされ、提供できません。

資料4 本人の援助に該当・非該当

利用者の居室の掃除　等	できます
利用者以外の家族の居室の掃除　等	できません
利用者分の買い物・料理　等	できます
利用者と家族の共有スペースの掃除、または共有する買い物、料理　等	原則、できませんが条件*次第ではできます

【＊条件とは】
家族等が障害、疾病のため家事を行うことが困難な場合で、ケアマネ等が開く担当者会議等で検討され、必要と判断された場合もしくは有料サービスの契約者。
※同じ時間帯に有料サービスと介護保険サービスと一体的に提供することはできません。

資料5 日常的に行われる家事の範囲を超える行為

大掃除・模様替え・窓のガラスみがき

大掃除

模様替え

窓拭き

これらは、「日常生活の援助」に該当しないため、訪問介護ではできません。

その他　「日常生活の援助」に該当しない行為

ペットの世話

車の洗浄

花木の水やり

草むしり

正月・節句等のための
特別な調理

踏み台を使う
蛍光灯の交換等

植木の剪定
等の園芸

来客対応

上記以外でも「日常生活の援助」に入らない行為がありますので、その行為（援助）が「日常生活の援助」であるかどうかは事業所内、または担当者会議などで確認しましょう。

4. 医療行為（医行為）について

　ヘルパーは医療行為（医行為）にあたる行為はできません。

　ヘルパーは、注射、褥瘡（床ずれ）の処置、摘便、巻き爪など変形した爪の爪切り、　医師の処方によらない医薬品使用の介助などはできません。

　家族がしている行為でもヘルパーにはできませんので、はっきりと説明しておきましょう。

注射　　　　　　　褥瘡の処理

資料6　医行為にあたらない行為

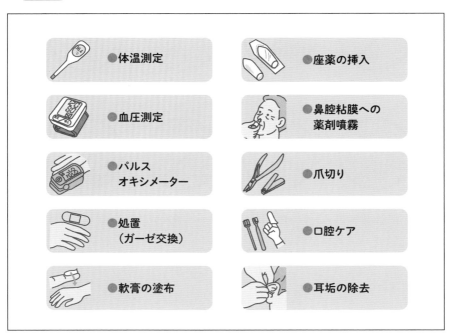

●体温測定
●座薬の挿入
●血圧測定
●鼻腔粘膜への
　薬剤噴霧
●パルス
　オキシメーター
●爪切り
●処置
　（ガーゼ交換）
●口腔ケア
●軟膏の塗布
●耳垢の除去

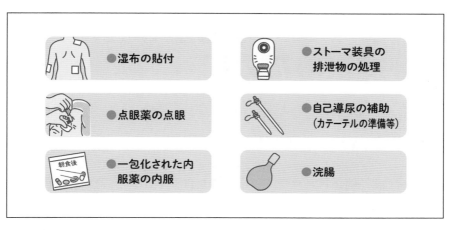

- 湿布の貼付
- ストーマ装具の排泄物の処理
- 点眼薬の点眼
- 自己導尿の補助（カテーテルの準備等）
- 一包化された内服薬の内服
- 浣腸

※**資料6**中、軟膏塗布（褥瘡の処置を除く）、湿布貼付、点眼（目薬）、座薬、鼻腔粘膜への薬剤噴霧は医行為ではない行為とされているが、医師、薬剤師、看護師の指導・助言を要します。

**資料7**　一定の条件の下で行える医行為

医師の指示等一定の条件の下で、ヘルパーも「痰の吸引」等が実施できます。

一定の条件とは：事業所の所在する都道府県に認定特定行為業務従事者（介護福祉士登録証に付記された者または所定の研修を修了した者）として登録後、事業所も登録認定事業者として申請がすんでいること。

　いずれの行為もヘルパーが行うにあたっては、**居宅サービス計画および訪問介護計画に位置づけられていなければなりません。**

2 サービスの適正な利用・提供のために

1. セクハラ・パワハラについて

訪問介護の**適正**な利用のために、**"セクシャルハラスメント（セクハラ）・パワーハラスメント（パワハラ）"** についても対応をとる必要があります。

ヘルパーの仕事は、その内容の特性上、利用者の自宅で行われるため、第三者には見えづらく、いろいろなハラスメントが起きやすい状況に置かれます。

訪問介護には、利用者の生活や尊厳を尊重し、また利用者をさまざまな虐待から守る**権利擁護としての観点を遵守する**必要がありますが、同じようにヘルパー自身も利用者・家族からのハラスメントから守られる必要があります。

上記をふまえ、利用者に対する介護従事者の虐待防止はもちろんのこと、ヘルパーの働きやすい環境を守り、推進していくためにもヘルパーに対するセクハラ・パワハラ等についても、「ハラスメントは絶対に許されない行為」という姿勢で対応していくことが大切です。

資料8　いかなるハラスメントも「絶対に許されない行為」です

ヘルパーから、セクハラやパワハラなどのハラスメントの報告がありましたら、事実確認をした上で、当法人の総合事業契約書第○条（介護保険契約書第○条）※により、即座に関係機関と協議の上、解約（サービス終了）の手続きを開始させていただきます。

なお、場合によっては警察に通報することもありますこと、ご理解をお願い申し上げます。

※総合事業契約書第○条（介護保険契約書第○条）この部分は、各事業所の契約書に読み替えてください。

ハラスメントの定義

　介護現場における利用者やその家族等※からの身体的暴力、精神的暴力およびセクハラを合わせて、「介護現場におけるハラスメント」としています。

※利用者や家族等の「等」とは、家族に準じる同居の知人または近居の親族を意味します。

1）身体的暴力
　身体的な力を使って危害を及ぼす行為
　　例：コップを投げつける／蹴られる／唾を吐く

2）精神的暴力
　個人の尊厳や人格を言葉や態度によって傷つけたり、おとしめたりする行為
　　例：大声を発する／怒鳴る／特定の職員にいやがらせをする／「この程度できて当然」と理不尽なサービスを要求する

3）セクハラ
　意に添わない性的誘いかけ、好意的態度の要求等、性的ないやがらせ行為
　　例：必要もなく手や腕を触る／抱きしめる／入浴介助中、あからさまに性的な話をする

2. 災害時の対応について

　災害時（台風、大雨、地震ほか）において、災害の状況によっては
ヘルパーの訪問に影響する可能性が十分に考えられます。ヘルパー
が訪問できない、サービスの時間に間に合わない、場合によっては
訪問日を変更するということが起こりえますので、あらかじめ説明
しておきましょう。

資料9　災害時の訪問介護サービス利用についてのお願い

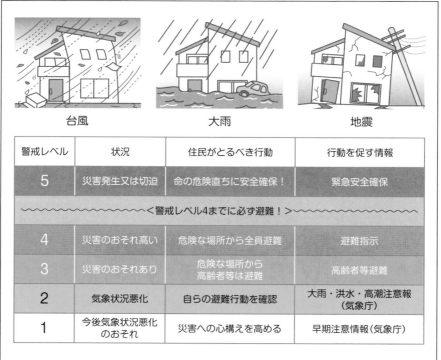

警戒レベル	状況	住民がとるべき行動	行動を促す情報
5	災害発生又は切迫	命の危険直ちに安全確保！	緊急安全確保
＜警戒レベル4までに必ず避難！＞			
4	災害のおそれ高い	危険な場所から全員避難	避難指示
3	災害のおそれあり	危険な場所から高齢者等は避難	高齢者等避難
2	気象状況悪化	自らの避難行動を確認	大雨・洪水・高潮注意報（気象庁）
1	今後気象状況悪化のおそれ	災害への心構えを高める	早期注意情報（気象庁）

　「避難情報に関するガイドライン」（内閣府）では、防災気象情報
をもとに住民がとるべき行動を**警戒レベル**として示しています。

警戒レベル3では**高齢者等の避難**が必要とされています。**警戒レベル4については住民すべての避難**が必要とされていることを理解した上で、災害時において「**早めの避難**」をすることで、ご自身のみならず関係者の命を守る行動をとってください。

3. 感染症等の対応について

　利用者・ヘルパーの命を守るために、感染症流行時の訪問および感染症予防については**資料10**の内容を利用者に説明しましょう。

資料10　感染症流行時の対策

①**ヘルパーは毎日検温してから訪問します**

　お互いの感染症予防のため、ご利用者様におかれましてもヘルパー訪問前に検温の実施をお願いします。

②**ヘルパーは感染症等を利用者の自宅に持ち込むことをできる限り防ぐため、訪問時は手洗い・うがい・手指消毒を行います。**

　ご利用者様におかれましても、できる限りの予防対策をお願いいたします。

③**ヘルパーが体調不良の際は、感染症を広げないために無理に訪問しないようにします。ご利用者様には、ヘルパーの変更、時間変更、曜日変**

更をお願いする場合もあります。

④ご利用者様が体調不良の際は、事務所かケアマネジャーへの連絡をお願いします。サービスの中止、その日の最後の訪問へ変更する、ヘルパーの交代などの対策を行うことがあります。

⑤感染増加圏域からの家族の帰省などの理由により、サービスの一時停止やその日の最後の訪問へ変更する、ヘルパーの交代などの対策を行うことがあります。

新型コロナウイルスの5類移行後、事業所により対応はさまざまです。

第5章

③ 訪問介護の利用上の注意

　ここからは、訪問介護を利用する上で、あらかじめ利用者にふまえておいていただきたい内容を列記します。**資料11 〜 35**はそのまま利用者に説明用として活用できます。

　資料中の×印は一般的に不適切とされる項目です。最終的には保険者の判断となりますが、担当者会議で合意し、ケアプランや訪問介護計画に位置づけられた場合は、対応できることもあります。

資料 11　ヘルパー活動記録票の記入

ヘルパー活動記録票の記入はサービス時間に含まれます。

　ヘルパー活動記録票とは、訪問時のご利用者様の様子や日々の変化、その日に行ったサービス内容等を記録するものです。サービスを行った証明にもなります。介護保険制度上、記録時間はサービスの時間に含まれます。

　デジタル化により、スマートフォンなどでの記録を行う事業所も増えています。

おもてなし

ヘルパーへのおもてなしは受け取りません。

　ヘルパーへの茶菓子等の心遣いやおもてなし、お中元やお歳暮等の贈答は必要ございません。双方に負担が生じ、公平・適正なサービス提供に支障をきたすおそれがあります。ご理解をお願いします。

資料 13　利用のキャンセル

キャンセルは早めに連絡ください。

　予定されているサービスをキャンセルする場合は早めに連絡をお願いします。

　緊急の病院受診、救急搬送、災害等を除いてキャンセル料が発生する場合があります。

資料 14　預貯金の引き出し等

ヘルパーは預金通帳・カード類を預かることはできません。

　ヘルパーはご利用者様から預金通帳やカードを預かり、預貯金の引き出しや入金をすることはできません。ただし、ご利用者様と一緒に銀行等に行って上記を行うことは可能です。

資料15 車の利用

ヘルパーの車には利用者を乗せることはできません。

　ヘルパーの車にご利用者様を乗せて買い物や目的地にお送りすることは認められていません。ヘルパーと一緒に買い物等に行く場合は公共交通機関（バス、タクシー）を利用します。

資料16 事故など

ヘルパーの不注意で物品を壊した場合の対応

　ヘルパーはご利用者様の自宅の器具を使って掃除や調理等を行います。十分に注意していても不注意により破損させてしまう場合があります。

　そういった場合はどうやって破損したのか等をしっかり確認した上で、事業所の加入する損害賠償保険等を使い賠償します。

　ただし経年劣化により古くなっている物については賠償できない場合があります。

訪問中はペットをつないでおくか別の部屋に移動してください。

　全国の訪問介護事業所でヘルパーがペットの犬に噛まれるなどの事例が挙がっています。ペットにとってヘルパーは見慣れない来訪者です。どんなにおとなしいペットでも家族を守ろうとして噛もうとする可能性は十分に考えられます。

　また、ヘルパーの中には動物アレルギーを持つ者もおり、サービスに支障が出ますことからご配慮をお願いいたします。

たばこの受動喫煙に対し、配慮と協力をお願いします。

　サービス提供時間中は喫煙をお控えください。

　受動喫煙により非喫煙者への肺がんや脳卒中などのリスクも高まるといわれています。2020（令和2）年4月より施行された改正健康増進法に「受動喫煙対策」として「望まない受動喫煙の防止」が強く打ち出されています。

　サービス中の喫煙は、ヘルパーの健康およびサービスに支障が出ますのでお控えください。

※電子たばこもお控えください。

資料 19　換気について

サービス提供中は換気を行います。

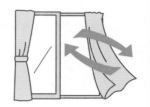

　たばこの煙は洋服や壁、カーテン、家具ににおいや有害物質として付着し、それを非喫煙者が吸い込むことを残留受動喫煙といいます。たばこに限らずウイルスや湿気、シックハウス症候群対策にもなるため、ご利用者様、ヘルパーの健康のためにもサービス中は窓を開けて換気を行います。

4 訪問介護の利用上の注意 【買い物編】

　これまで解説したとおり、ヘルパーは利用者の買い物しかできません。ヘルパーは介護保険制度に準じて派遣されています。介護保険制度の要介護認定を受け、要支援もしくは要介護と判定され、訪問事業所と契約を結ばれた人のみへのサービスとなります。上記に含まれない人へのサービスは家族であろうとできません。

　買い物に行くことだけが困難な人には、店が行う配達サービスの利用を勧めましょう。自身で材料を考えたり、お金のやり取りをすることは認知症予防にもつながります。

資料 20 買えないもの

買い物支援でお酒、たばこ、市販薬の購入は不適切です。

　生活援助における買い物支援では、日常生活において必要最低限の買い物になるため、嗜好品であるお酒、たばこ等の購入は不適切です。

　市販薬の購入は明確な規定はありませんが、処方薬と市販薬の飲み合わせにより重篤な状況を招く可能性もあることから一般的には不適切とされています。

資料 21 　買い物で行ける範囲

買い物支援で行くことができる範囲は一般的に校区内です。

　ヘルパーが行う買い物支援で行くことのできる店舗の距離の範囲は法的な規定はありませんが、一般的に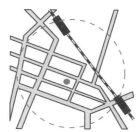は校区内の店舗となります。もし利用者の求める商品が店舗になかった場合は、代替品の購入を依頼したり、マーケットに取り寄せをしてもらうなどが必要となります。

※店舗によっては配達サービスもしているので活用をお願いします。

資料 22 　料金の立替

買い物支援で、ヘルパーが料金を立替えることはできません。
また、ヘルパーが持てる量の買い物をお願いします。

　ヘルパーは車やバイク、自転車など一人ひとり移動方法が違います。事故の原因になるような大量もしくは重量のある買い物はできかねます。ご利用者様の良識のある判断をお願いします。

　ヘルパーは原則、買い物の有無を伺い、代金を預かって買い物代行に向かいます。ヘルパーが代金を立替えることはできません。

5 訪問介護の利用上の注意 【掃除編】

ヘルパーは介護保険制度に準じて派遣されています。介護保険制度の要介護認定を受け、要支援もしくは要介護と判定され、訪問事業所と契約を結ばれた人のみへのサービスとなります。上記に含まれない人へのサービスは家族であろうとできません。

資料 23 専門的な掃除は不可

ヘルパーはプロの清掃業者ではありません。

ヘルパーが利用者の自宅で行う掃除支援は「日常生活の援助」になります。大掃除や窓拭き等はこの「日常生活の援助」には該当しないことはp.155でもふれましたが、そのほか、プロの清掃業者がするようなコンロの油汚れをきれいに取り除く、冷蔵庫の中身を出して隅々まできれいに拭く、床にワックスをかけたり、特殊な洗剤でみがくなどの専門的な掃除も介護保険上できません。

※有料サービスにて相談できる方法はありますが、ヘルパーは清掃のプロではありませんので、本格的な清掃を希望する場合は清掃業者の活用をおすすめします。

資料24 掃除道具について

ヘルパーが使う掃除道具はご自宅の物を使用します。

　掃除に使う掃除道具はご利用者様の自宅にある物を使用することになります。自身で掃除道具をそろえることが難しい場合は、買い物サービスでヘルパーが買い物代行して準備することも可能です。

※雑巾がけはヘルパーにとっても腰に負担が大きいこともあり、柄の長いモップ等の購入をお願いする場合もあります。

資料25 掃除の制限

ペット関連(糞尿、エサ等)の掃除または世話はできません。

　制度上、ペットの世話またはペットが起因による清掃は支援内容には含まれていません。ペットの毛が抜けて、絨毯などに付いている場合には掃除機で一緒に掃除することはありますが、基本ペット関連の掃除(ペット用トイレシートの交換、ペットがこぼしたエサ周り、粘着クリーナーで絨毯に付いたペットの毛取り等)はすることができません。

　また、糞尿の処理、エサやりもできません。

ヘルパーは車の洗浄、庭の草むしり、花木の剪定、水やり等はできません。

　車の洗浄、車の内部掃除、庭の草むしり、花木の剪定、花木・庭木の水やり等は日常生活の援助には含まれません。ご家族に頼むか専門業者の利用をお願いいたします。保険外サービスで対応可能な事務所もあります。

ゴミの分別は各自治体の決まりを守ります。分別にご協力ください。

　ヘルパーは、ご利用者様が難しい場合はゴミ出しもします。その際、ゴミの分別は各自治体で決まっている曜日でしか出せません。

　ご利用者様には、日頃からゴミの分別の協力をお願いします。

資料 28 ゴミの持ち帰りについて

ヘルパーがご利用者様の自宅のゴミを持ち帰って捨てることはできません。

　ご利用者様宅の出せなかったゴミをヘルパーが持ち帰って捨てることはできません。その場合は別の指定日に捨てることになりますので、におい対策のためふた付きのゴミバケツの購入の検討をお願いします。

※自治体によっては、ゴミをゴミステーション（収集場所）まで出すことが困難な世帯に対する支援として、玄関前までゴミの収集に伺うなどの事業が実施されています。申請等が必要になります。ケアマネジャーに相談してみてください。

資料 29 自立支援として

ご利用者様が、できなくなってきたことをカバーし、できることを活かす掃除を一緒に行います。

　ヘルパーはご利用者様ができなくなってきた部分をどのようにカバーするか一緒に考え支援します。できている部分までヘルパーがやってしまうとご利用者様の自立支援を阻害してしまいます。認知症予防、身体機能の維持のためにも自分でできている部分は継続して行ってください。

6 訪問介護の利用上の注意【調理編】

調理支援でも介護保険の生活援助では、契約者のみへのサービス提供となります。同居家族分の調理はできません。利用者自身が家族の調理を行う行為への支援は、ケアプランや訪問介護計画に位置づけることで可能な場合があります。

資料 30 専門的な料理

ヘルパーはプロの調理師ではありません。

ヘルパーがご利用者様の自宅で行う調理支援は一般家庭における「日々の家庭料理レベル」の支援になります。

手間のかかる料理や多国籍料理などは「日々の家庭料理」には該当せず、また正月料理(おせち等)などの行事食も該当しません。

なお、料理における常識は個々人で異なる可能性があります(例：調味料や調理手順など)。

あらかじめ、ご利用者様自身の好みや調理法を教えてください。

資料 31　調理道具について

ヘルパーが使う調理道具はご自宅の物を使用します。

　調理に使う調理道具はご利用者様の自宅にある物を使用することになります。自身で調理道具をそろえることが難しい場合は、買い物サービスでヘルパーが買い物代行して準備することも可能です。

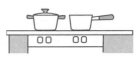

　サービスの時間は限られています。円滑なサービスを行うため、スライサーや電子レンジ等の調理器具を使って時間の短縮をすることがあります。

資料 32　食材・調味料について

ヘルパーが食材・調味料を持参することはありません。

　調理に使う食材・調味料をヘルパーが持参することはありません。ご利用者様の自宅にあるもので調理いたします。

　調理支援のみを必要としている人は食材等の準備をお願いします。ご自身での買い物が困難な人は、マーケット等の配達サービスを利用の上、食材等の準備をお願いします。

　上記が困難な人は、ヘルパーの行う買い物サービスと複合で利用の上、調理支援を行いますが、限られた時間での提供になります。

ヘルパーは栄養士ではありません。

ヘルパーは栄養のプロではありません。塩分を抑えるといった簡単な減塩食などはできますが、栄養士のようにカロリー計算や綿密な栄養管理が必要な食事づくりはできません。

ただし、管理栄養士等による訪問栄養指導によりヘルパーへの栄養指導がある場合は可能です。

ヘルパーが時間内に作れる料理数でお願いします。

ヘルパーの滞在時間には限りがあります。そのため料理の品数も、メニューによっては1品程度になる可能性も十分あります。時間内には後片付けや記録も含まれます。利用者にはヘルパーが決められた時間内にサービスが終了できるメニューの検討をお願いします。

資料 35 消費期限切れの食材

消費期限切れの食材・調味料を使っての調理はできません。

消費期限切れの食材・調味料等を使った調理を、「そのぐらいなら大丈夫！」と希望される場合があります。衛生管理・責任問題上、消費期限切れの食材・調味料を使った料理はお断りさせていただきます。

Column **ともに行うことの重要性**

ヘルパーが訪問することになって「掃除や調理をしてもらって楽になった」と思われることがあるかもしれません。

利用者の個別の状況（家事をする能力が著しく低下しているが、住み慣れた家で生活を続けたいなど）によっては適正な利用方法といえるでしょう。

しかし、少しでも利用者の残存能力（たとえば、料理自体は難しいが、野菜を切るなどの下ごしらえは可能。掃除機をかけるのは難しいが座って雑巾拭きは可能など）を維持することは、利用者の身体機能・認知機能の維持につながり、ひいては住み慣れた家で生活を続けられることにつながります。このことを、ヘルパー、利用者の双方が理解して、ヘルパーのいる時間内に見守られながら、今までやってきた家事を一緒に行うことの重要性はとても高く、ヘルパーにとっても、専門性が発揮できる状況になるといえるでしょう。

5 ヘルパー紹介制度で加入。

訪問介護の仕事の魅力を周囲にアピール中！

Nさんが働く事業所には、ヘルパー紹介採用制度があります。この制度で加入したNさんは、仕事のやりがいや楽しさを実感し、今ではヘルパースカウト活動を積極的に実施。働きやすい職場づくりにも力を入れています。

ママ友の紹介でヘルパーに

私がヘルパーになったのは、ママ友の紹介です。ママ友が、ヘルパーのユニフォームを着て自転車で移動している姿を、よく見かけていたのです。「何の仕事をしているの？」と聞いたら、「訪問介護の仕事。興味があるなら事業所に話を聞きに来たら？」と誘われたことがキッカケです。

そのころは飲食店で働いていましたが、収入が不安定だったので、経済的に安定する仕事を探していました。事業所に行くと、とても雰囲気がよくて働きやすそうだと思い、さらに介護職員初任者研修の資格取得にかかる費用を全額支援してくれるとのことだったので、チャレンジすることを決めました。

利用者と生活を一緒につくっていくことがやりがい

私の訪問を利用者に楽しみにしてもらえていることが、とてもうれ

しいです。利用者が訪問回数を増やす際に「ぜひNさんに来てほしい」と言われるとついうれしくなって、断れずに引き受けてしまいます。気がついたら、週に5日、1日6～7件とガッツリ訪問をするようになりました。それでも、合間に自宅に帰ることができますし、余裕をもって働けています。

　提供するケアでは、利用者の生活スタイルを尊重することを心がけています。訪問介護を受けられる人は、ヘルパーの助けを借りながら、自分のスタイルを変えずに生きていきたいと望まれています。利用者が望む生活を送れるように、日々の生活を一緒につくっていくことがこの仕事のやりがいだと思います。

ヘルパーのスカウト活動にも注力中！

　現在はパートタイマーですが、今後は介護福祉士実務者研修の資格を取って、正社員登用を目指したいと考えています。

　また、最近はヘルパーのスカウト活動に力を入れています。知り合いにヘルパーの仕事の魅力を伝える紹介採用制度があるのですが、事業所ではヘルパーを中心とした4人のメンバーでこの活動をしていて、これまでに8人も採用に至っている優秀なチームです！　資格支援制度があること、働いて知識をつければ介護が必要になったときに困らないことなどをメリットとして伝えると、興味を持ってくれる人はとても多いです。

　こうしたスカウト活動に携わることで、自分自身の仕事の価値を再認識でき、さらに誇りを持って仕事ができますし、事業所に貢献しているというモチベーション向上にもつながっています。

●索引●

執筆者一覧（執筆順）

‖‖

奈良環（なら・たまき）　第1章1／第2章1〜3／第3章5
文京学院大学人間学部人間福祉学科准教授

松永美輝恵（まつなが・みきえ）　第1章2〜5／第3章7
帝京科学大学医療科学部医療福祉学科講師

黒澤加代子（くろさわ・かよこ）　第1章6・7／第3章6／第4章1
みずべの苑サービス提供責任者／日本ホームヘルパー協会東京都支部会長

内田泉（うちだ・いずみ）　第2章4〜8／第3章1〜4／第4章4・5／
　　　　　　　　　　　　　　チャレンジ！ヘルパー1〜5
東京海上日動ベターライフサービス株式会社在宅介護事業部次長

田尻亨（たじり・とおる）　第4章2・3・6・7／第5章
熊本市社会福祉事業団中央ヘルパー事業所所長／全国ホームヘルパー協議会会長

はじめての訪問介護

2024 年 3 月 20 日　発　行

編　集　　はじめての訪問介護制作委員会
発行者　　荘村明彦
発行所　　中央法規出版株式会社
　　　　　〒110-0016
　　　　　東京都台東区台東 3-29-1 中央法規ビル
　　　　　TEL　03-6387-3196
　　　　　https://www.chuohoki.co.jp/

デザイン　　松田喬史（Isshiki）
本文・DTP　鎌田俊介（Isshiki）
本文イラスト　藤田侑巳
印刷・製本　新津印刷株式会社

ISBN 978-4-8243-0019-5